省级土地整治与生态修复标准体系研究

SHENGJI TUDI ZHENGZHI YU
SHENGTAI XIUFU BIAOZHUN TIXI YANJIU

唐丽静◎著

中国社会出版社

国家一级出版社·全国百佳图书出版单位

图书在版编目（CIP）数据

省级土地整治与生态修复标准体系研究 ／ 唐丽静著 ．
北京 ：中国社会出版社，2024．8． —— ISBN 978-7-5087-
7083-3

Ⅰ．F321.1-65；X171.4-65

中国国家版本馆 CIP 数据核字第 2024F0H020 号

省级土地整治与生态修复标准体系研究

出 版 人：程　伟
终 审 人：陆　强
责任编辑：马　岩
装帧设计：李　尘
出版发行　中国社会出版社
　　　　　（北京市西城区二龙路甲 33 号　邮编 100032）
印刷装订　河北鑫兆源印刷有限公司
版　　次：2024 年 8 月第 1 版
印　　次：2024 年 8 月第 1 次印刷
开　　本：170mm×240mm　1/16
字　　数：140 千字
印　　张：11.75
定　　价：48.00 元

前　言

在生态文明建设和国土空间规划的不断推进下,我国自然资源部对土地整治与生态修复工作高度重视,加强生态文明建设,推进和落实国土空间规划,统筹新时代山水林田湖草生态保护修复,使土地整治与生态修复成为生态文明建设和国土空间规划的重要抓手,是顺应新时期变化的重要举措。近几年来,我国在土地综合整治和生态修复方面取得了一定的成果,但也面临着压力与挑战,针对这一现状,必须紧跟时代发展节奏,抓住时代机遇,全面推进土地整治和生态修复工作。

一直以来标准是我国社会经济活动的技术支撑,也是国家治理体系和治理能力现代化的基础性制度。标准化通常能使社会经济活动在既定范围内获得最佳秩序,保障安全、环保、资源利用等公共利益。纵然土地整治与生态修复是系统性强、涉及面广、专业性强的活动,但我国现行相关标准数量庞大,缺乏整体性、综合性、系统性,存在与时代发展定位脱钩、协调性差等问题,并且由于缺乏统一而有效的标准指导,当前的土地整治与生态修复工作面临挑战。因此,构建土地整治与生态修复标准体系成为全面推进土地整治和生态修复工作的重要内容。

就我国而言,省级土地整治与生态修复工作具有承接性、传导性、协调性强的特点,既要落实国家和省级土地整治与生态修复的目标任务,也要将责任和目标任务传导至市县。基于这一现实背景,进行省级土地整治与生态修复标准体系构建工作具有理论与实践探讨的必要性。山东省的土地整治与生态修复工作纵向承接国家土地资源综合治理、生态修复的双重任务，横向衔接省国土空间规划、自然资源保护和利用、水利农业等部门规划，因而科学设立土地整治与生态修复目标、抓住重点问题重点环节，可为该省未来土地整治与生态修复工作擘画蓝图，也可为我国其他省份开展土地整治与生态修复工作提供标准借鉴。

本书在明确省级土地整治与生态修复标准体系构建原则的基础上，探索省级土地整治与生态修复标准体系层次框架，明晰省级土地整治与生态修复组成部分的概念界定，分别从国家、山东省以及山东省外三个维度，梳理现有土地整治与生态修复相关标准，对现有标准进行分析，筛选纳入体系的各项标准，为省级土地整治与生态修复标准体系的构建提供思路借鉴。

目 录

第一章 概 论

省 级 土 地 整 治 与 生 态 修 复 标 准 体 系 研 究

第一节　研究背景

一、土地整治标准体系亟待完善

土地是由多种自然要素组成的自然综合体。长期以来，社会经济的发展导致人类对土地利用的需求不断增加，作为自然物的土地便逐渐转化为人类的劳动对象和发展载体。这种土地和人类之间相互依存的关系使得土地问题成为各界关注的焦点。土地问题对保障我国经济快速有序发展、社会安定和谐有着至关重要的作用。然而，在社会经济发展过程中，由于人多地少、人类过度利用等客观原因，土壤污染退化、生态失衡、水土流失、环境恶化等现象凸显（郧文聚 等，2011；王威 等，2019）。与此同时，土地无序利用、土地利用经济化等导致我国土地景观单一、格局混乱，生活居住环境未能满足居民要求（王军 等，2017；严金明 等，2016；贾文涛 等，2019），土地整治应运而生。土地整治是缓解人地矛盾、平衡土地利用、改善居民生存环境等的重要途径，它运用一些工程建设措施对土地的功能、效用等进行改造（廖小斌，2019），实质上也是一种建设活动，目前已经成为改变中国土地利用方式的最大规模的人类活动之一（王军 等，2018；刘永强 等，2021）。客观而言，虽然国家针对粮食安全、居住适宜、环境优美等问题安排了诸多土地整治工程，但以往的土地整治标准体系不够完善（高向军 等，2011；李振宇，2019；于祥 等，2020），土地整治工程的整体安排缺乏系统性。同时，在以往土地整治工程实践中出现了片面追求经济效益、单纯追求土地整治工程数量、土地整治形式单一、土地整治项目施工技术规范不合理，土地整治过程中忽略土地生态属性、忽视生态环境质量等现象（童陆艺 等，2013；夏方舟 等，2018）。因此，要规范有序地开展土地整治工程、改善上述现象，就必须建立相对完善的土地整治标准体系。

二、完善土地整治标准体系，助力生态文明建设

党的十七大首次提出生态文明建设。生态文明是人类在不断的社会经济发展过程中，为了更好地利用自然、保护自然，集人类所有努力促进人与自然关系进步取得的全部成果，其核心是推动人与自然和谐共生（张旭平，2001；俞可平，2005；周以侠，2009；杨培峰 等，2013）。党的十八大提出大力推进生态文明建设。党的十八届三中全会通过的《中共中央关于全面深化改革若干重大问题的决定》中明确指出，"推动形成人与自然和谐发展现代化建设新格局"，再一次强调生态文明建设要以人与自然和谐发展为目标。党的十八大之后，生态文明理念逐渐融入社会经济各项活动，诸多研究者就生态文明理念如何引导人与自然和谐共生提出见解。党的十八届五中全会将加强生态文明建设作为目标任务纳入"十三五"规划，值得关注的是，会议依然强调要促进形成人与自然和谐共生的绿色发展格局。党的十九大将生态文明建设上升到一个全新的高度，提出"坚持人与自然和谐共生"，并将其作为新时代坚持和发展中国特色社会主义的基本方略之一。党的十九届六中全会表明，我国已经将生态文明建设作为国家发展的战略选择，党中央以前所未有的力度抓生态文明建设，并强调要坚持人与自然和谐共生这一理念。诚然，土地这一人类生存和发展的基础，在人类对其不断利用的过程中与人类形成了相互依存关系（苏少青 等，2006）。土地整治是通过改善土地利用方式以直接或间接手段对土地功能、结构、生态属性等产生正面影响（叶艳妹 等，2001；傅伯杰 等，2006；王军 等，2014），满足人类生存、生产、生活、生态等多方面需求，从本质上看，土地整治能够增进人与自然的关系、促进人与自然和谐发展。基于此，自从我国进入生态文明时代，国家就大力倡导以土地整治为手段解决各类土地问题，改善人地关系，全面实现人地和谐，土地整治成为生态文明建设的一项重要任务

（夏方舟 等，2016；陈洁丽 等，2017），完善土地整治标准体系、助力生态文明建设的重要性、迫切性毋庸置疑。

三、完善土地生态修复标准体系，夯实生态文明建设

生态文明建设的核心是统筹人与自然的和谐发展。21世纪以来，随着科技与社会生产力的发展，人们的生活水平在不断提高，人们对生存环境的要求也在不断提升，对良好生态环境的需求日益增加，人们逐渐关注对各类生态要素及土地资源的超限度、不合理利用等现象，保护自然与利用自然之间的矛盾激化（张孝德，2008；杨忍 等，2021）。与此同时，耕地污染及质量下降、土地生态功能退化、生物多样性减少、沙漠化严重、原始森林资源匮乏、湿地退化等现象显现，生态恢复压力凸显（欧阳志云 等，2015；郑善文 等，2017；欧阳志云，2017；王军 等，2020；汤怀志 等，2020），人类生存发展面临巨大挑战（张景奇 等，2014；王晓军 等，2017；夏方舟 等，2018；樊杰 等，2019）。人类逐渐发现，单纯的土地整治不足以支撑人与自然和谐发展的全面实现（贾文涛，2019；张凤荣，2020），因此，在对土地进行整治的同时，适当地对土地开展生态修复从而改善生态环境、促进人与自然和谐发展具有鲜明的重要性（刘旻 等，2013；叶红玲，2016）。就当前情况而言，虽然前期实施的生态修复工程已使得我国生态系统功能有所提升，并在一定程度上改善了生态环境，提高了人与自然的和谐程度（严金明 等，2012），但不可否认，生态退化现象在我国依然存在，生态环境问题依然突出（段锦 等，2012；孔令桥 等，2018），人们所需生态产品供给不足（白杨 等，2017；卞文志，2017；马中 等，2018），这些现象依然存在的根源在于人们对土地生态功能关注不足（郧宛琪 等，2016）以及对生态修复综合性、系统性缺乏思考（张川 等，2015）。立足这一现状，在我国大力推进生态文明建设的当下，以促进人与自然和谐发展为目标，国家鼓励在切实发挥土地整治效益的同时，积极实施不同类型的生态修复工程

（黎祖交，2018；沈镭 等，2018；白中科 等，2019；董祚继，2019），通过土地生态修复来全面恢复、重建因自然、人为等因素干预导致的退化的生态系统（张绍良 等，2018；白中科 等，2018；何长高，2004）。2020年，国家发展改革委、自然资源部印发实施《全国重要生态系统保护和修复重大工程总体规划（2021—2035年）》，统筹"山水林田湖草一体化"生态修复（王夏晖 等，2018；张笑千 等，2018；姜霞 等，2019；李桂花 等，2019），为我国土地生态修复开展作出指引，土地生态修复工程也要更具综合性和系统性（韩博 等，2019；曹宇 等，2019；彭建 等，2020；王志芳 等，2020）。因此，完善土地生态修复标准体系，既是对生态问题的重要响应（谷树忠 等，2013；杜娜，2021；郑国栋，2021），也是促进人与自然和谐发展的重要抓手，更是夯实我国生态文明建设成果的生动实践（焦居仁，2003；邓玲 等，2016；罗铁军，2019；马俊，2020；刘炫含，2021）。

四、完善土地整治与生态修复标准体系，支撑国土空间规划

2015年，中共中央、国务院印发《生态文明体制改革总体方案》，提出要全面深化生态文明体制改革，针对阻碍生态文明建设的管理体制问题，提出要对一些生态文明领域的党和国家机构进行重组调整与科学配置。在此背景下，2018年组建了自然资源部（梅江 等，2021）。基于建设人与自然和谐共生社会这一人民群众对美好生活的需求，以习近平同志为核心的党中央通过对中华民族可持续发展的深远历史考量，明确自然资源部为生态文明建设主力军、生态文明体制改革的主要践行者（张海军 等，2021）。剖析生态文明体制改革要求，国家将推动国土空间规划体系改革，加快建立完整、系统的国土空间规划体系这一职责赋予自然资源部，自然资源部的未来工作重点将是规划国土空间（陈秉钊，2019；张侃 等，2019；王威 等，2020）。国土空间是人类、社会经济、生态环境等相互作用形成的综合体（祁帆 等，2016），也是生态文明建

设的物质基础，科学的国土空间规划对人与自然和谐共生局面的形成具有重要意义。自然资源部将着力解决我国改革开放以来国土空间缺乏统一规划导致的国土空间利用失序、低效，国土空间生态萎缩，国土空间供需失衡（樊杰，2018）等问题，以保障国土空间的合理开发与保护（胡存智，2014；匡文慧，2019）。基于现阶段国土空间规划理论与实践成果，自然资源部明确提出为提升国土空间规划品质、优化国土空间开发保护格局，要以土地整治与生态修复作为国土空间规划的重要支撑，主要通过对某一空间范围内系统的土地整治与生态修复工程安排（成金华 等，2019；王雁林 等，2019；汤怀志 等，2020），显著提高国土空间利用水平，对国土空间生态功能进行修复。因此，在当前我国全面推进国土空间规划的背景下，完善土地整治与生态修复标准体系，在实际工程实施过程中充分发挥引领作用、服务于国土空间规划已成为客观需求。

综上所述，土地整治与生态修复工程的实施为解决各类土地问题、转换土地利用方式、促进生态保护提供了有效路径（郧文聚，2017；边婷，2020；李阳，2021），协调了人地关系，促进了人与自然和谐共生，优化了土地利用，修复了土地生态功能。在当前我国生态文明建设与国土空间规划的关键时期，系统地完善土地整治与生态修复标准体系的任务十分艰巨（贾文涛，2018；王军，2018；曹小曙，2019）。

本书聚焦的山东省自 2000 年以来，共组织实施各类土地整治工程约 1.6 万个，通过这些工程的实施扩大了全省耕地面积、提升了耕地质量、改善了农田设施及耕作条件、增加了项目区居民收入，土地整治成果显著，土地整治经验逐渐积累。2021 年，山东省自然资源厅等多个部门印发《山东省国土空间生态修复规划（2021—2035 年）》，全面部署全省生态修复工程。在国家大力推动生态文明建设与国土空间规划的当下，要构建一套相对完善的山东省土地整治与生态修复标准体系，推动各项工程科学、合理、有序地开展，提高全省生态文明建设水平和国土空间利用水平。

第二节　研究的目的及意义

　　山东省一直以来都是我国的人口大省与经济大省，较大的人口与经济基数意味着较大的土地资源需求量，土地利用矛盾不可回避。近年来，山东省社会经济发展成果显著，但在带来巨大社会经济效益的同时也使得土地利用矛盾更加凸显，土地开发强度已接近"天花板"。与此同时，随着社会经济的不断发展，由于一些历史原因或者受发展进程影响，山东省土地利用出现了生态用地保护不足、耕地污染、耕地质量下降、大量优质耕地被占用、建设用地利用粗放、建设用地闲置浪费等问题。虽然山东省组织开展的土地整治项目与生态修复项目已经使得这些问题有所改善，但当前山东省尚缺乏完善的标准体系的现实，不利于该省全面开展土地整治项目与生态修复项目，加之构建完善的土地整治与生态修复标准体系已经成为国家大力推动生态文明建设、推行国土空间规划的重要举措，因此，本书以山东省为例开展土地整治与生态修复标准体系构建研究，以期为山东省乃至我国其他省份开展相应工作提供借鉴。

第三节　土地整治与生态修复标准体系构建原则

一、国家标准优先原则

　　按照《中华人民共和国标准化法》的定义，标准是指农业、工业、服务业以及社会事业等领域需要统一的技术要求。标准包括国家标准、行业标准、地方标准和团体标准、企业标准。标准编制时应遵循上位规定（标准）优于下位规定（标准）原则。

国家标准是指由国家机构通过并公开发布的标准。中华人民共和国国家标准是指对我国经济技术发展有重大意义、必须在全国范围内统一的标准。国家标准在全国范围内适用，其他各级标准不得与国家标准相抵触。国家标准一经发布，与其重复的行业标准、地方标准相应废止，国家标准是标准体系中的主体。行业标准是指对没有推荐性国家标准、需要在全国某个行业范围内统一的技术要求制定的标准。地方标准是指在国家的某个地区通过并公开发布的标准。

综上，国家标准是底线，地方标准的制定必须符合国家标准的要求。在新形势下，应以国家标准为引领，构建结构合理、层次清晰的山东省土地整治与生态修复标准体系。

二、新标准优于旧标准原则

在整理相关标准和标准文件时，应遵循新标准优于旧标准原则，对于存在时间差异的同种标准法规或标准文件选用时间最新的，即同一机关制定的标准形式，新标准与旧标准不一致的，适用新标准。

适用该原则的情况如下：一是以新标准生效实施为标志，新标准生效实施以后准用新标准，新标准实施以前包括新标准公布以后尚未实施这段时间，仍沿用旧标准，新标准不发生效力。二是两标准必须为同位标准，才能适用这一原则。所谓同位标准是指同等位阶的立标主体制定的标准规范性文件，不同位阶即构成上下位阶等级的标准规范不适用此项原则。三是必须为同一机关制定的标准，才能适用该项原则。同一机关制定的标准、行政标准、地方性标准、部门规章、地方政府规章、自治条例和单行条例中有关于同一事项的标准时才能适用该原则。

三、与山东省本地实际情况相符的原则

构建土地整治与生态修复标准体系时应遵循与山东省本地实际情况相符的原则。不同区域具有不同的自然环境和社会经济情况，区域差异

性和特殊性要求在进行土地整治与生态修复时要因地制宜，具体问题具体分析。从山东省自身的情况出发，立足地方经济社会发展水平，顺应人民群众改善生产生活条件的期待，统筹安排、突出重点、循序渐进地推进各项土地整治活动，避免不顾实际大拆大建，增加人民生活负担，同时积极开展特色农业土地整理，挖掘山东省区域特色资源利用潜力，提高农业用地质量，推动特色农业资源的开发与保护，加强生态保护与修复。在摸清土地资源家底的基础上，科学分析资源的开发适宜性和开发潜力，对采石场等工矿区、低山丘陵区、平原区和未利用地开发区域，提出不同的整治方向，采取不同的土地整治模式。同时要保护和改善土地生态环境，防止和减少水土流失，保持农村风貌，保留传统农耕文化和民俗文化中的积极元素，提升乡村景观风貌，积极探索符合各地区自身条件和需求的整治模式，合理构建土地整治与生态修复标准体系，提高其科学性、适用性。

四、山东省本地标准优先原则

地方标准制定的关键在于发挥地区优势，提高地方产品的质量和竞争能力，同时也使标准更符合地方实际，有利于标准的贯彻执行。因此，构建土地整治与生态修复标准体系时，需要对不同省市的相关标准和法规文件进行梳理，若出现本省市与其他省市标准不一致的情况，应遵循山东本地标准优先的原则。

山东省近年来出台了相关文件，对标准的立项、制定、审核、监督等进行了明确的规定。2020 年山东省发布的《山东省标准化条例》，将山东省近年来在标准化改革实践中积累形成的一系列具有山东省特色的工作成果，以地方性法规的形式固定下来，更针对当前标准化工作存在的难点、热点，在标准化工作体制机制、工作模式上等进行了一系列积极创新，补齐全省标准化工作短板，作出了一系列制度安排。条例确立了山东省地方标准的管理机制，明确了标准化部门和各部门在地方标准工作中的责任、权利和义务，对地方标准的立项提出、组织起草、技术审查、审核发布、复审、监督管理等各个环节的责任主体作出规定，制度措施更加细化易操作。2021 年，山东省市场监督管理局印发《山东省地方标准管理办法》，明确了地方标准的定位、制定范围、地方标准制定流程和工作要求等，提出地方标准是政府履职所需技术要求，制定范围主要是经济调节、市场监管、社会管理、公共服务和生态环境保护等领域的基础性、通用性、公益性事项。该办法对地方标准工作流程进行了再造，优化了立项、送审和报批等关键环节；对申报材料进行了范式化调整，进一步提高了申报工作便利度；明确了行业部门的职责，强化了标准的实施、评估和监督。

由于地方标准是从当地实际情况出发，切实反映当地的政治、经济、文化等各方面的具体情况，由地方（省、自治区、直辖市）标准化主管机构或专业主管部门批准、发布，在某一地区范围内统一的标准，在标准制定过程中，经过了各部门的调查研究、技术审核、综合分析和试验验证，因此，对于研究地区标准的编写来说，本地区标准比其他地区标准更具参考价值，也更能反映当地政府和人民的需求。

第二章　概念界定

省级土地整治与生态修复标准体系研究

第一节　土地整治

土地整治是指在一定区域内，为满足人类生产、生活和生态功能需要，依据国土空间规划，对未利用、低效和闲置利用、损毁和退化土地进行综合治理的活动。土地整治以保障土地资源的可持续利用为目的，按照统筹规划、整合资源、整体推进的原则，以扩大耕地面积、控制建设用地增长、提高土地利用率、改善农村生产生活条件和生态环境为目标。基于其内在要求，土地整治分为以下4个部分：（1）农村建设用地整理。（2）城镇建设用地整理。（3）农用地整理。（4）土地复垦。

一、农村建设用地整理

农村建设用地是指农民从事第二、第三产业及其居住生活的空间承载地，包括农村居住用地、农村公共服务及基础设施用地、村办及乡镇企业用地等。农村建设用地整理是指采取一定的措施和手段，对零碎、高低不平和不规整或被破坏的农村建设用地加以整理。农村建设用地整理包括村庄改造、乡村工矿企业破坏土地整治复垦、平坟复田、农村公共服务用地整理、农村基础设施用地整理、农村产业园区整理。

（一）村庄改造

在保持农村原有居住形态的基础上，开展农村环境综合整治工作，配套完善必要的基础设施和公共服务项目，如道路和危桥整修、供水和污水管网改造等，为农民生产、生活创造较好的条件，改善落后的基础设施和恶化的生态环境阻碍乡村发展的情况，在乡村振兴的背景下，要将农村的文化、旅游、生态、休闲、经济等方面不断地融入村庄改造，从而有效整合乡村的各类建设项目，体现乡村特色，提高空间管控的整体效果，共同推动乡村政治、经济、文化、社会、生态文明等的建设发展。

2020年，中央一号文件《中共中央 国务院关于抓好"三农"领域重点工作 确保如期实现全面小康的意见》提出，"优化农村生产、生活、生态空间布局"，确定了土地整治肩负着建设高标准农田、盘活建设用地存量和改善农村人居环境的任务。

2015年，中共中央、国务院印发的《生态文明体制改革总体方案》提出："坚持城乡环境治理体系一，继续加强城市环境保护和工业污染防治，加大生态环境保护工作对农村地区的覆盖，建立健全农村环境治理体制机制，加大对农村污染防治设施建设和资金投入力度。"结合村庄改造的概念可知，村庄改造的目的是建设更美好的乡村，包括修复整治乡间风貌，改善村庄居民需要的硬件环境，更新发展乡风民俗等。在生态文明建设和国土空间规划的视角下，通过管控、引导、策略等方式逐级传导，最终以村庄规划为抓手指导农村建设用地整理的实施，通过国土空间规划明确村庄改造方向和内容；同时，村庄改造也强调了农村生态环境的保护，乡村历史文化的保护、产业的全面发展等内容，是土地整理的重要组成部分。根据村庄改造实施场所的用地属性，将村庄改造这一指标放入农村建设用地整理中。

（二）乡村工矿企业破坏土地整治复垦

乡村工矿企业破坏土地整治复垦是指对乡村工矿企业开采后的矿山、采石场，采矿引起的塌陷、压占地和因污染关闭的工业原料厂、填埋场等废物处理设施及废旧、闲置厂房等，采取整治措施，使其达到可供利用状态的活动。

党的十九大报告指出，必须树立和践行绿水青山就是金山银山的理念。2015年，中共中央、国务院印发的《生态文明体制改革总体方案》中提到，"加大生态环境保护工作对农村地区的覆盖，建立健全农村环境治理体制机制，加大对农村污染防治设施建设和资金投入力度"，说明在生态文明建设背景下，需要通过土地整理的手段对农村环境进行保护。乡镇企业生产过程中会对农村生态环境造成破坏，如乡镇工矿企业生产过程中会出现塌陷、压占、污染土地等情况，因此，在土地整理过程中，需要考虑对土地破坏较大的工矿企业，并要对乡镇工矿企业破坏的土地采取整治措施。综上，将乡村工矿企业破坏土地整治复垦放入农村建设用地整理中。

（三）平坟复田

平坟复田是指将被坟头占用的土地恢复为耕地，从而扩大耕地的面积。在耕地上建坟是违法的，土地管理法第三十七条第二款规定，禁止占用耕地建窑、建坟或者擅自在耕地上建房、挖砂、采石、采矿、取土等。第七十五条规定，违反本法规定，占用耕地建窑、建坟或者擅自在耕地上建房、挖砂、采石、采矿、取土等，破坏种植条件的，或者因开发土地造成土地荒漠化、盐渍化的，由县级以上人民政府自然资源主管部门、农业农村主管部门等按照职责责令限期改正或者治理，可以并处罚款；构成犯罪的，依法追究刑事责任。《殡葬管理条例》第十条第二款规定，前款规定区域内现有的坟墓，除受国家保护的具有历史、艺术、科学价值的墓地予以保留之外，应当限期迁移或者深埋，不留坟头。目前，大部分农村坟头安放在农村耕地里，占用了较多耕地，为了保证耕地数量和质量，须对占用耕地的坟头进行整理，将坟头所占土地恢复成耕地，保证耕地面积。综上，将平坟复田放入农村建设用地整理中。

（四）农村公共服务用地整理

农村公共服务用地整理是指对与农村居住人口规模相对应配建的、为农村居民服务和使用的各类设施的用地，采取一定的措施，对零碎的、不规整的和被破坏的农村公共服务用地加以整理和重新配置，应包括建筑基底占地及其所属场院、绿地和配建停车场等，从而满足农村社会经济生产、农村社会发展和农村居民基本生活需要，并以政府为主导、其他公共部门参与，面向农村地区和广大农村居民提供各种公共产品和社会服务。

根据《中共中央 国务院关于建立国土空间规划体系并监督实施的若干意见》和《中共中央 国务院关于坚持农业农村优先发展做好"三农"工作的若干意见》等文件精神，村庄规划是法定规划，是国土空间规划体系中乡村地区的详细规划。而村庄规划包括公共服务和基础设施规划，因此，农村公共服务用地整理是村庄规划的内在要求。综上，将农村公共服务用地整理放入农村建设用地整理中。

（五）农村基础设施用地整理

农村基础设施用地整理是指对与农村居住人口规模相对应配建的、为农村居民服务和使用的各类设施的用地，包括交通邮电、农田水利、供水供电、商业服务、园林绿化、教育、文化、卫生事业等生产服务设施和生活服务设施，采取一定的措施，对零碎的、不规整的和被破坏的农村公共服务用地加以整理和重新配置的过程。

与农村公共服务用地整理类似，根据《中共中央 国务院关于建立国土空间规划体系并监督实施的若干意见》和《中共中央 国务院关于坚持农业农村优先发展做好"三农"工作的若干意见》等文件精神，将农村基础设施用地整理放入农村建设用地整理中。

（六）农村产业园区整理

目前，关于农村产业园区还没有统一的定义。从不同角度对农村产业园区进行的界定，认为农村产业园区是指通过政府主导力量干预形成或通过市场机制自发形成的产业集群区域，具有完备的基础设施和良好的社会环境，同时产业集约化程度高、特色鲜明、企业之间具有明显的产业关联，是农村区域经济发展的一种有效方式。农村产业园区整理是指通过对产业集群区域加以整理和重新配置，使其拥有更大的规模、更灵活的运行机制、更齐全的配套设施、更突出的产业化水平和较高的科技含量。

2015 年，中共中央、国务院印发的《生态文明体制改革总体方案》

也提出："树立空间均衡的理念，把握人口、经济、资源环境的平衡点推动发展，人口规模、产业结构、增长速度不能超出当地水土资源承载能力和环境容量。"由此可知，合理的产业结构是生态文明建设和国土空间规划体系中的重要组成部分，因此，村庄的用地布局需要考虑产业发展用地的规模、结构以及土地集约利用程度，而农村产业园区作为农村产业发展的最主要场所，需要通过某些手段对其进行整理，从而调整产业结构，提高土地集约利用程度。

二、城镇建设用地整理

城镇建设用地是指在土地利用总体规划确定的城镇建设用地范围内，为实施城镇规划所占用的土地，既包括城镇住宅和公共建筑用地，也包括工矿仓储用地、商服用地和其他特殊用地等。城镇建设用地整理是指采取一定的措施和手段，对城镇中遭受破坏或利用率不高的建设用地进行综合整理，以加强土地节约集约利用和改善环境为主要目的。城镇建设用地整理包括旧城改造，城乡建设用地置换，闲置、低效用地开发与再开发，交通运输用地整理，公共管理与公共服务用地整理。

（一）旧城改造

旧城改造是对城区局部或整体的道路、路网、水电、通信有步骤地进行改造和更新老城市的物质生活环境，并改善其消防、出行、生产、劳动、生活、服务和休息等条件。党的十九大报告提出，"必须树立和践行绿水青山就是金山银山的理念"，该理念在追求生态文明的今天，作为标志性的观点，深刻阐述了经济发展理念和生态环保理念之间的关系，经济发展与生态环境息息相关，更是与人居生态环境密不可分。

城市作为人类的主要活动场所，属于生态文明建设的重点区域，2017年3月，住房城乡建设部《关于加强生态修复城市修补工作的指导意见》（建规〔2017〕59号）在修复城市生态改善生态功能，修补城市功能、提升环境品质，健全保障制度等方面对加强城市生态环境建设提出了新要求；在国土空间规划体系即"五级三类四体系"的总体规划中，也强调对一定区域的国土空间进行保护、开发、利用、修复作全局安排。但是，随着城市规模逐渐扩大，遍布于老旧城市地域的文化遗产遭到破坏，这些问题应该在国土空间规划实施时得到解决。因此，在城市生态文明建设的要求下，需要对城市内部老旧地域的土地进行改造整理，并以保护和传承地域文化为前提。城区作为城市发展的空间载体，旧城区改造则是城市建设用地整理的重要组成部分。综上，将旧城改造这一指标放入城镇建设用地整理中。

（二）城乡建设用地置换

城乡建设用地置换是指在耕地保有量不低于国家限定规模的前提下，将国土空间规划确定的城乡建设用地范围外的原依法取得的建设用地复垦为耕地，以建设用地复垦为耕地的数量与非农业建设项目新占用耕地进行等量交换的行为。

《生态文明体制改革总体方案》中提出："完善耕地占补平衡制度，对新增建设用地占用耕地规模实行总量控制，严格实行耕地占一补一、先补后占、占优补优。实施建设用地总量控制和减量化管理，建立节约集约用地激励和约束机制，调整结构，盘活存量，合理安排土地利用年度计划。"要求在开展生态文明建设时提高城乡建设用地的利用效率，促进城乡建设用地节约集约使用，在保障农村未来持续发展建设用地指标需要的前提下，将多余的建设用地指标转化为城乡建设用地指标使用，进而可对同等规模的城郊种植用地进行征转，以期实现增加有效耕地面积、提高耕地质量、节约集约用地、城乡用地布局更加合理的目标。城乡建设用地置换对城镇建设用地进行整理，能有效保护耕地，提高土地节约集约利用，是生态文明建设和国土空间规划的重要内容。综上，将城乡建设用地置换放入城镇建设用地整理中。

（三）闲置、低效用地开发与再开发

闲置、低效用地开发与再开发是指对国有建设用地使用权人超过国有建设用地使用权有偿使用合同或者划拨决定书约定、规定的动工开发日期满一年未动工开发的国有建设用地和城镇中布局散乱、利用粗放、用途不合理的存量建设用地，采用一定的现代科学技术的经济手段，结合城市发展定位和规划，扩大对土地的有效利用范围或提高对土地的利用深度进行的活动，能促进城市实体经济发展，促进传统产业向中高端方向发展、城市生态环境改善、社会效益整体提高，激活城市发展活力，实现土地高效利用。

结合生态文明建设的要求，要"统筹划定落实生态保护红线、永久基本农田、城镇开发边界等空间管控边界""全面建立资源高效利用制度""健全自然资源产权制度，落实资源有偿使用制度"，强调要大力推进资源的节约集约高效利用，并在严格控制总量、全面盘活存量、有效提高质量等方面提出新的更高的要求。这意味着，提高土地资源配置的效率和效益，已经上升到推动高质量发展、建设生态文明的战略高度。如今，城镇内部存在存量土地利用潜力较大但效率低下的问题，如产业土地布局不合理，土地利用功能混乱，危旧建筑大面积存在，黄金地段土地存在空置、浪费等问题。要解决这类问题就要对闲置、低效用地进行处理，通过编制国土空间规划，以土地整理为抓手，解决这类土地利用问题，对其进行开发与再开发。缓解城市土地紧张、创造宜居环境、保障耕地粮食生产功能是推进高质量发展的重要手段。综上，将闲置、低效用地开发与再开发放入城镇建设用地整理中。

（四）交通运输用地整理

交通运输用地是指用于运输通行的地面线路、场站等用地，包括民用机场、港口、码头、地面运输管道和居民点道路及其相应附属设施用地。交通运输用地整理是指对零碎、高低不平和不规整或被破坏的交通运输用地加以整理，使人类在土地利用中不断利用和重新配置交通运输用地的过程。在城市建设用地中，交通运输用地占城市整体建设用地规模的10%~25%，这反映出城市整体建设的发展水平及规模。

生态文明建设强调要大力推进资源的节约集约高效利用，并要严格控制总量、全面盘活存量。交通运输用地是城镇建设用地的重要组成部分，在城镇用地矛盾十分尖锐的情况下，需要通过国土空间规划，利用土地整理的手段，来调整交通运输用地以满足一定的服务需求，取得城镇土地集约利用的效果。因此，对城镇建设用地进行整理，需要考虑交通运输用地。综上，将交通运输用地整理放入城镇建设用地整理中。

（五）公共管理与公共服务用地整理

公共管理与公共服务用地是指机关团体，科研、文化、教育、体育、卫生、社会福利等机构和设施的用地，不包括农村社区服务设施用地和城镇社区服务设施用地。公共管理与公共服务用地整理是指对零碎、高低不平和不规整或被破坏的公共管理与公共服务用地加以整理，使人们在土地利用中不断利用和重新配置公共管理与公共服务用地的过程。公共管理与公共服务用地为城市的发展与活力呈现提供了重要保障，其作为城市建设用地中不可或缺的一部分，既为居民提供了便利的生活模式，也对城市公共服务的优化升级起到了重要的作用。

由于地域经济发展差异，部分区域的公共管理与公共服务用地在空间配置上会因各区域、各阶层居民对有限的公共服务设施资源的不满，出现不均衡和不公平的现象，这需要根据国土空间规划要求，通过土地整理的手段，使公共管理与公共服务用地与其他用地相处共存、共同发展。因此，需要对该类用地进行整理，加强城镇土地节约集约利用，减少各类用地间的矛盾。综上，将公共管理与公共服务用地整理放入城镇建设用地整理中。

三、农用地整理

通过对田、水、路、林、村的综合整治，改造和完善农业配套基础设施，对用地结构进行优化配置和合理布局，改良土壤，完善农田水利设施，提高耕地质量，增加有效耕地面积，提高农业综合生产能力；实行田、水、路、林综合治理，提高农业抗御自然灾害能力；加强农田防护林等生态建设，逐步形成点、带、网、片相结合的复合生态系统，改善农田生态环境。农用地整理包括设施农用地整理、耕地整理、家庭农场建设、永久基本农田建设。

（一）设施农用地整理

设施农用地是指在农用地上建设一些设施用于服务农业生产的用地。2019 年，《自然资源部 农业农村部关于完善设施农用地管理有关问题的通知》（国土资发〔2010〕155 号）中明确指出，根据现代农业发展特点，将设施农用地分为生产设施用地、附属设施用地。设施农用地整理是指按照国土空间规划确定的目标和用途，通过采取行政、经济和法律等手段，运用工程建设措施，对设施农用地实行综合整治、开发，对配置不当、利用不合理，以及分散、闲置、未被充分利用的设施农用地实施深度开发。2018 年，农业农村部等部门制定的《国家质量兴农战略规划（2018—2022 年）》提出质量兴农，旨在提高现代农业的发展质量，大力推进农业标准化建设。

《生态文明体制改革总体方案》中提出："完善最严格的耕地保护制度和土地节约集约利用制度。"设施农用地作为服务农业生产的场所，对其进行整理，有利于加强农业用地的集约利用，提高土地利用率。设施农用地整理为的是让设施农用地布局逐渐趋于合理，以高标准稳步推进基本农田建设为主的土地整治工程，粮食的产能和抵抗自然灾害能力也会随之提高。综上，将设施农用地整理放入农用地整理中。

（二）耕地整理

耕地整理是指通过综合整治耕地及其间的道路、沟渠、零星坟地和宜农未利用地等，增加有效耕地面积，提高耕地质量。1986 年，我国开始大力加强耕地保护，明确建立耕地保护制度。但伴随经济的飞速发展，我国耕地的总面积依旧在持续减少，2021 年 7 月 2 日第三次修订的《中华人民共和国土地管理法实施条例》提出，国家对耕地实行特殊保护，严守耕地保护红线，严格控制耕地转为林地、草地、园地等其他农用地，并建立耕地保护补偿制度，具体办法和耕地保护补偿实施步骤由国务院自然资源主管部门会同有关部门规定。

《生态文明体制改革总体方案》中提出，要"完善最严格的耕地保护制度""加强耕地质量等级评定与监测，强化耕地质量保护与提升建设""完善耕地占补平衡制度，对新增建设用地占用耕地规模实行总量控制，严格实行耕地占一补一、先补后占、占优补优"。国土空间规划体系中的"三区三线"划定，也确定了严格保护耕地。综上，耕地的保护离不开农田整理。因此，将耕地整理放入农用地整理中。

（三）家庭农场建设

家庭农场是指以家庭成员为主要劳动力，利用家庭承包土地或流转土地，从事农业规模化、集约化、商品化生产经营，并以农业收入为家庭主要收入来源的新型农业经营主体。家庭农场建设是以建设家庭农场为目标，通过一系列政策手段进行鼓励、规制、管理，并根据国土空间规划，开展对家庭农场用地的土地整治活动，目的是提高农民的生产水平，使农业种植水平达到专业化程度。

《生态文明体制改革总体方案》中提出要完善最严格的耕地保护制度和土地节约集约利用制度。2013 年中央一号文件《中共中央 国务院关于加快发展现代农业 进一步增强农村发展活力的若干意见》中提出，"继续增加农业补贴资金规模，新增补贴向主产区和优势产区集中，向专业大户、家庭农场、农民合作社等新型生产经营主体倾斜""坚持依法自愿有偿原则，引导农村土地承包经营权有序流转，鼓励和支持承包土地向专业大户、家庭农场、农民合作社流转，发展多种形式的适度规模经营""创造良好的政策和法律环境，采取奖励补助等多种办法，扶持联户经营、专业大户、家庭农场。大力培育新型农民和农村实用人才，着力加强农业职业教育和职业培训。充分利用各类培训资源,加大专业大户、家庭农场经营者培训力度,提高他们的生产技能和经营管理水平"。综上,家庭农场建设事关我国生态文明建设的发展和乡村振兴的步伐,家庭农场建设为我国农村家庭农场提供了空间场所。因此,将家庭农场建设放入农用地整理中。

(四)永久基本农田建设

《国土资源部关于全面实行永久基本农田特殊保护的通知》提出,坚持农业农村优先发展战略,坚持最严格的耕地保护制度和最严格的节约用地制度,以守住永久基本农田控制线为目标,以建立健全"划、建、管、补、护"长效机制为重点,巩固划定成果,完善保护措施,提高监管水平,逐步构建形成保护有力、建设有效、管理有序的永久基本农田特殊保护格局。

永久基本农田划定流程分为3个部分:1. 对耕地质量进行判定,将高等级的耕地划入永久基本农田;2. 对土地进行整理,将那些经整理并达到要求的土地,划入永久基本农田;3. 结合相关规划,判定耕地质量,将劣质区域划出。因此,土地整理是建设永久基本农田的重要手段之一。综上,将永久基本农田建设放入农用地整理中。

四、土地复垦

土地复垦一般是指矿山土地复垦,是采矿权人按照矿产资源和土地管理等法律、法规的要求,对在矿山建设和生产过程中,因挖损、塌陷等遭到破坏的土地,采取整治措施,使其恢复到可供利用状态的活动。简单地说,土地复垦是指对采矿过程中被破坏或退化的土地通过工程、技术等措施恢复其可利用状态,土地复垦包括采矿弃置地勘测规划、采矿弃置地填平整理、采矿弃置地开发利用。

(一)采矿弃置地勘测规划

采矿弃置地是指因采矿活动挖损、塌陷、压占、污染及自然灾害毁损等原因而造成的不能被直接利用或严重功能退化的土地。滞留土地由于受采矿活动的剧烈扰动，不但丧失天然表土肥力，而且经常有持久而严重的污染问题。采矿弃置地勘测规划是指对采矿弃置地的一定时期内的城市经济、土地利用、空间布局以及各项建设的综合布局、具体安排、管理、控制和监督。在编制采矿弃置地勘测规划时，据实核定矿区土地利用现状、权属、合法性，是因地制宜开展生态修复和综合利用的前提和基础。需要在矿山修复前详细掌握矿山场地和生产的实际情况，才能因地制宜地制定规划。

2019 年，《自然资源部关于探索利用市场化方式推进矿山生态修复的意见》提出，要据实核定矿区土地利用现状地类，鼓励矿山土地综合修复利用，历史遗留露天开采类矿山修复工程中，可合理利用废弃土石料，强化监督和管控，杜绝污染和违法违规问题发生。《生态文明体制改革总体方案》中提到，"健全矿产资源开发利用管理制度。建立矿产资源开发利用水平调查评估制度，加强矿资源查明登记和有偿计时占用登记管理。建立矿产资源集约开发机制，提高矿区企业集中度，鼓励规模化开发"，并提出"建立健全环境治理体系"。综上，采矿弃置地勘测规划是矿山复垦和生态修复的重要内容，也是生态文明建设的内在要求，因此将采矿弃置地勘测规划放入土地复垦中。

（二）采矿弃置地填平整理

采矿弃置地填平整理是通过保存表土、回填、平地和修正边坡等手段对采矿弃置地进行重整。

《自然资源部关于探索利用市场化方式推进矿山生态修复的意见》提出，要鼓励矿山土地综合修复利用。2016 年印发的《国土资源部 工业和信息化部 财政部 环境保护部 国家能源局 关于加强矿山地质环境恢复和综合治理的指导意见》（国土资发〔2016〕63 号）提出贯彻落实新的发展理念，加快推进生态文明建设，必须把矿山地质环境恢复和综合治理摆在更加突出位置，充分认识进一步加强矿山地质环境恢复和综合治理的重要性和紧迫性，切实增强责任感和使命感，尊重自然、顺应自然、保护自然，牢固树立"绿水青山就是金山银山"的理念，强化资源管理对自然生态的源头保护作用，组织动员各方面力量，加强矿山地质环境保护，加快矿山地质环境恢复和综合治理，尽快形成开发与保护相互协调的矿产开发新格局。综上，采矿弃置地填平整理是矿山生态修复的重要手段之一，也是生态文明建设的重要组成部分，因此将其放入土地复垦中。

（三）采矿弃置地开发利用

采矿弃置地开发利用是通过工程、生物或综合措施对采矿闲置地进行重整，使其达到可利用状态的活动，包括开发为农用地和开发为建设用地。

《生态文明体制改革总体方案》提出，构建以空间规划为基础、以用途管制为主要手段的国土空间开发保护制度，着力解决因无序开发、过度开发、分散开发导致的优质耕地和生态空间占用过多、生态破坏、环境污染等问题。该方案还提出健全矿产资源开发利用管理制度。建立矿产资源开发利用水平调查评估制度，加强矿产资源查明登记和有偿计时占用登记管理。建立矿产资源集约开发机制，提高矿区企业集中度，鼓励规模化开发。

综上，将采矿弃置地开发利用放入土地复垦中。

第二节　生态修复

生态修复是在生态学原理指导下，以生物修复为基础，结合各种物理修复、化学修复以及工程技术措施，通过优化组合，使系统达到最佳效果和最低耗费的一种综合的修复污染环境的方法。生态修复需要采用一定的方式使环境向自然生态的稳定形态靠近，是对自然生态系统恢复力的提升。与土地整治相比，生态修复更加注重自然资源保障经济发展与维护生态环境的平衡关系，是从理念上对以资源高效利用和有效供给为核心的土地整治进行升级。基于生态修复的内涵，可将生态修复分为退化污染废弃地生态修复、国土综合整治修复、生物多样性和景观生态修复、城乡居住地生态修复四个部分。

一、退化污染废弃地生态修复

退化污染废弃地生态修复是指采用工程技术措施，对退化污染废弃的土地所在的生态系统进行修复。退化污染废弃地生态修复主要修复对象是退化土地生态系统，包括水土流失生态修复、土地沙漠化生态修复、土地盐碱化生态修复、土地污染生态修复、废弃土地生态修复、退化土地生态修复。

（一）水土流失生态修复

水土流失指的是在水流的作用下，土壤出现侵蚀、运动和沉淀等现象。水土流失生态修复是指以生态自我修复为主要手段，在一定的人工措施辅助下遏制生态系统退化加速自然演替过程，逐步恢复水土流失区生态系统健康、稳定的结构和功能，从而防止水土流失的频繁发生，进而实现水土资源的开发利用等经济功能的过程。

《全国水土保持规划（2015—2030 年）》中的总体任务是紧密围绕新时期水土保持工作的总体要求，在系统分析我国水土流失及其防治现状、成效和存在问题的基础上，以防治水土流失，保护和合理利用水土资源为核心，因地制宜，分区实现水土流失防治布局，以预防、治理和综合监管为驱动，以国家级水土流失重点预防区和重点治理区为主要范围，以重点治理项目为龙头，全面开展新时期我国水土保持各项工作，以达到保护和建设林草植被、改善生态环境、增强综合农业生产能力、提升水源涵养功能、减少进入江河湖库泥沙、维护饮用水安全、减轻风沙灾害、促进经济社会可持续发展的目的。《生态文明体制改革总体方案》提出，树立山水林田湖是一个生命共同体的理念，按照生态系统的整体性、系统性及其内在规律，统筹考虑自然生态各要素、山上山下、地上地下、陆地海洋以及流域上下游，进行整体保护、系统修复、综合治理，增强生态系统循环能力，维护生态平衡。水土流失导致土地退化、削弱生态系统调节功能、导致植物与土壤的水源涵养能力降低、威胁饮水安全、导致耕地数量减少，严重阻碍着我国社会经济绿色可持续发展。因此，水土流失生态修复十分必要，也是土地整治和生态修复的重要内容之一。综上，将水土流失生态修复放入退化污染废弃地生态修复中。

（二）土地沙漠化生态修复

土地沙漠化是指在脆弱的生态系统下，由于人为过度的经济活动破坏其平衡，原非沙漠的地区出现了类似沙漠景观的环境变化过程，简单地说就是指土地退化，也叫"荒漠化"。土地沙漠化生态修复是指通过生态技术措施等对土地沙漠化的地区进行生态恢复和重建的过程。

《生态文明体制改革总体方案》提出，建立沙化土地封禁保护制度。将暂不具备治理条件的连片沙化土地划为沙化土地封禁保护区。建立严格保护制度，加强封禁和管护基础设施建设，加强沙化土地治理，增加植被，合理发展沙产业，完善以购买服务为主的管护机制，探索开发与治理结合新机制。土地沙漠化治理已成为世界性难题，制止沙漠扩张、绿化沙漠已成为 21 世纪人类争取生存环境、扩大生存空间的首要问题。我国是世界上土地沙漠化面积较大、危害最为严重的国家之一。综上，土地沙漠化对生态环境危害较大，沙漠化土地的生产能力持续下降，还会蚕食农业和牧业用地。因此，在生态文明建设的大背景下，必须解决土地沙漠化问题，对这类土地问题采取生态技术措施或工程措施，以促进生态文明建设，所以将土地沙漠化生态修复放入退化污染废弃地生态修复中。

（三）土地盐碱化生态修复

土地盐碱化也称土壤盐渍化，是指易溶性盐分在土壤表层沉积，即土壤胶体吸附有相当数量的交换性钠，土壤盐分达到一定量时（大于0.3%）会使土壤盐碱化，从而导致土壤渗透性降低。土地盐碱化是造成土地退化的一个重要因素，它的产生原因主要是自然或者人为因素导致土地里的盐碱离子成分发生迁移，聚集到土地的表面。土地盐碱化生态修复主要是通过驯化本土植物、应用生态修复集成技术对环境进行生态修复治理。

《生态文明体制改革总体方案》提出，树立山水林田湖是一个生命共同体的理念，按照生态系统的整体性、系统性及其内在规律，统筹考虑自然生态各要素、山上山下、地上地下、陆地海洋以及流域上下游，进行整体保护、系统修复、综合治理。《关于加强盐碱地治理的指导意见》提出，深入推进盐碱地治理科研工作，开展土壤、物理、化学、环境、生态、作物遗传育种、生物肥料等多学科联合攻关。深入推进盐碱地分类治理研究工作。

综上，将土地盐碱化生态修复放入退化污染废弃地生态修复中。

（四）土地污染生态修复

土地污染是指土地因受到采矿或工业废弃物或农用化学物质的侵入，恶化土壤原有的理化性状，使土地生产潜力衰退、产品质量恶化，并对人类和动植物造成危害的现象和过程。土地污染生态修复是指通过在生态学原理指导下，以生物修复为基础，结合各种物理修复、化学修复以及工程技术措施，恢复生态系统原有的保持水土、调节小气候、维护生物多样性的生态功能和开发利用等经济功能的过程。

《生态文明体制改革总体方案》提出，要坚持城乡环境治理体系一，继续加强城市环境保护和工业污染防治，加大生态环境保护工作对农村地区的覆盖，建立健全农村环境治理体制机制，加大对农村污染防治设施建设和资金投入力度；构建以空间规划为基础、以用途管制为主要手段的国土空间开发保护制度，着力解决因无序开发、过度开发、分散开发导致的优质耕地和生态空间占用过多、生态破坏、环境污染等问题。2016 年，制订并实施《土壤污染防治行动计划》是党中央、国务院推进生态文明建设、坚决向污染宣战的一项重大举措，是系统开展污染治理的重要战略部署，对确保生态环境质量改善、各类自然生态系统安全稳定具有重要作用。综上，在生态文明建设背景下，我国对土地污染生态修复十分重视，土地污染生态修复是生态修复的重要内容，是促进生态文明建设的重要手段，因此将其放入退化污染废弃地生态修复中。

（五）废弃土地生态修复

废弃土地是指因采矿、工业和建设活动挖损、塌陷、压占（生活垃圾和建筑废料压占）、污染及自然灾害毁损等原因而造成的不能利用的土地。废弃土地生态修复是生态恢复的基础方法，被广泛应用于各类生态恢复中。它的主要目的是对废弃地的地形、地貌和土壤本底进行恢复，建立利于植物生长的表层和生根层。

2013 年，国务院印发《全国资源型城市可持续发展规划（2013—2020 年）》，明确提出大力推进废弃土地复垦和生态恢复，支持开展历史遗留工矿废弃地复垦利用试点。《生态文明体制改革总体方案》要求完善最严格的耕地保护制度和土地节约集约利用制度。可以通过土地整治和生态修复的手段，对废弃土地进行生态修复，使其恢复到原有生态功能和经济功能，从而提高土地利用率，实现生态文明建设要求。废弃土地生态修复是使废弃土地重新利用的重要手段之一。因此，将废弃土地生态修复放入退化污染废弃地生态修复中。

（六）退化土地生态修复

土地退化是指土地受到人为因素或自然因素或人为、自然综合因素的干扰、破坏而改变原有的内部结构、理化性状，土地环境日趋恶劣，逐步减少或失去该土地原先所具有的综合生产潜力的演替过程。退化土地生态修复是指在生态学原理指导下，以生物修复为基础，结合工程技术措施，恢复退化土地的生态系统功能的过程。

《生态文明体制改革总体方案》提出，"树立绿水青山就是金山银山的理念，清新空气、清洁水源、美丽山川、肥沃土地、生物多样性是人类生存必需的生态环境，坚持发展是第一要务，必须保护森林、草原、河流、湖泊、湿地、海洋等自然生态"。土地退化的后果包括生产能力下降、人口迁移、粮食不安全、基本资源和生态系统遭到破坏，以及由于物种和遗传方面的生境变化造成的生物多样性遗失。现阶段，土地退化问题已经引发区域生态环境问题，因此，需要采取退化土地生态修复手段对退化土地进行修复。综上，将退化土地生态修复放入退化污染废弃地生态修复中。

二、国土综合整治修复

目前，对于国土综合整治修复的概念还没有明确的界定。与国土空间生态修复相比，国土综合整治修复主要是"治未病"的，即采取相应的措施，防止国土空间生态系统"疾病"的发生发展，因而更具有综合性、战略性和地域性的特点。从科学内涵来看，国土综合整治修复的范畴在某种程度上要比国土空间生态修复更为广泛，但二者有紧密的联系。国土综合整治修复"治未病"实现未病先防和既病防变，与真正意义上的国土空间生态修复"治病"的界限是模糊的。二者采用的手段有较大区别，国土综合整治修复主要采用调查、评价、治理等综合措施，对生态系统的功能失调进行修复，而较少采用直接的物理、化学和生物措施。结合近些年学界对土地整治和生态修复等相关概念的界定以及社会各界对国土综合整治实践的期许，本书将国土综合整治修复界定为"人类采取综合措施对低效利用、不合理利用国土进行综合性治理，对已经遭受破坏或潜在受到破坏的国土进行修复性治理，以提高国土利用效率和效益的地理建设活动"。国土综合整治修复包括国土综合整治调查、国土综合整治评价、国土综合整治治理。

（一）国土综合整治调查

国土综合整治调查是指对国土综合整治区域的土地生态环境状况进

行调查、分析等工作，明确调查区各类主要生态问题的严重程度、空间分布特征和变化情况；辨识调查区各类生态问题严重的区域以及生态问题持续加剧或改善的区域，在此基础上判断评估区生态问题的总体变化趋势。

《生态文明体制改革总体方案》提到，坚持鼓励试点先行和整体协调推进相结合，在党中央、国务院统一部署下，先易后难、分步推进，成熟一项推出一项。支持各地区根据本方案确定的基本方向，因地制宜，大胆探索、大胆试验。因此，在进行国土综合整治之前，需要充分了解综合整治的对象，因地制宜地制定国土综合整治规划。综上，国土综合整治调查是国土综合整治实施前期的重要阶段，因此将国土综合整治调查放入国土综合整治修复中。

（二）国土综合整治评价

评价是指依据某种目标、标准、技术或手段，对收到的信息按照一定的程序进行分析、研究，判断其效果和价值的一种活动。国土综合整治评价是指依据国土综合整治区域的目标、标准、技术或手段，对国土综合整治区域的生态修复结果通过生态环境状况等级和生态环境变化等级进行综合判定，评价其是否达到预期效果。

国土综合整治评价不仅可以发现项目区土地整治过程中存在的问题，也可以为今后土地整治项目的设计提供理论依据，规范和指导土地整治的实践活动，促进土地的集约节约利用，同时能够提高土地整治专项资金的利用率，实现专款专用，项目的实施还能够推进社会主义新农村建设、提高农民收入，有利于促进社会的协调健康发展。因此，将国土综合整治评价放入国土综合整治修复中。

（三）国土综合整治治理

国土综合整治治理是指对整治对象采取工程和非工程等综合措施开展生态修复、环境治理等治理活动拓展国土空间功能，维护国土生态系统平衡的过程。

《国务院关于印发全国国土规划纲要（2016—2030 年）的通知》（国发〔2017〕3 号）的第六章提出，构建政府主导、社会协同、公众参与的工作机制，加大投入力度，完善多元化投入机制，实施综合整治重大工程，修复国土功能，增强国土开发利用与资源环境承载能力之间的匹配程度，提高国土开发利用的效率和质量。国土综合整治治理是国土综合整治的重要组成部分，也是国土综合整治的内在要求。综上，将国土综合整治治理放入国土综合整治修复中。

三、生物多样性和景观生态修复

生物多样性和景观生态修复是指运用工程技术的手段，对生物和景观生态系统进行修复，其内容包括生物多样性生态修复和景观生态修复。

（一）生物多样性生态修复

生物多样性生态修复是指人们科学合理地修复已经退化、损坏或者被彻底破坏的生态系统，采取工程和非工程等综合措施，遏制生物多样性下降的趋势，使其得以自然恢复的过程。

《生态文明体制改革总体方案》提出，"树立绿水青山就是金山银山的理念，清新空气、清洁水源、美丽山川、肥沃土地、生物多样性是人类生存必需的生态环境，坚持发展是第一要务，必须保护森林、草原、河流、湖泊、湿地、海洋等自然生态"。2021 年，《中国的生物多样性保护》白皮书提出，"生物多样性关系人类福祉，是人类赖以生存和发展的重要基础，人类必须尊重自然、顺应自然、保护自然，加大生物多样性保护力度，促进人与自然和谐共生"。当前，我国生态环境问题仍然不容小觑，对生物多样性进行生态修复十分必要，是改善区域生态环境的重要手段。综上，将生物多样性生态修复放入生物多样性和景观生态修复中。

（二）景观生态修复

景观生态是由许多不同生态系统组成的整体（景观）的相互作用、

空间结构、协调功能及动态变化的一种生态学新概念。景观生态修复是指通过某些工程技术手段，对受到人类生产生活或自然灾害破坏的景观生态进行修复，使之达到最佳效果和最低耗费的一种综合的修复环境的方法。综上，将景观生态修复放入生物多样性和景观生态修复中。

四、城乡居住地生态修复

城乡居住地生态修复的主要修复对象是城乡居住地生态系统，以人为干扰为主，强度大，频率高，变化迅速，该系统是一个由自然要素、社会要素和人类要素复合而成的网络结构，物质流、能量流、信息流、人口流和价值流都更为复杂。城乡居住地生态修复包括城镇居住地生态修复、乡村居住地生态修复。

（一）城镇居住地生态修复

城镇居住地生态修复是指利用人工措施和生物措施，恢复城镇居住地生态系统原有的状态，净化水体、空气，提高抗灾能力，缓解"热岛效应"和美化景观等的过程。

《国务院关于印发全国国土规划纲要（2016—2030年）的通知》的第六章第二节提出，加强城市环境综合治理，推进城市大气、水、土壤污染综合治理，完善城镇污水、垃圾处理等环保基础设施。发展立体绿化，加快公园绿地建设，完善居住区绿化。《生态文明体制改革总体方案》提出，坚持城乡环境治理体系统一，继续加强城市环境保护和工业污染防治。综上，城镇居住地生态修复是国土规划纲要和生态文明建设的内在要求，有利于改善城镇居住地生态环境，提高居民幸福感，因此将城镇居住地生态修复放入城乡居住地生态修复中。

（二）乡村居住地生态修复

乡村居住地生态修复是指利用人工措施和生物措施，恢复乡村居住地生态系统原有的状态，净化水体、空气，提高抗灾能力，美化景观等的过程。

《生态文明体制改革总体方案》提出，要加大生态环境保护工作对农村地区的覆盖，建立健全农村环境治理体制机制，加大对农村污染防治设施建设和资金投入力度；建立农村环境治理体制机制。乡村居住地是农村环境治理的重要场所，对其开展生态修复工作关乎农村居民的生活质量的提高，是国土空间规划和生态文明建设的重要内容。综上，将乡村居住地生态修复放入城乡居住地生态修复中。

第三章　土地整治
标准体系构建分析

标准是对现实问题或潜在问题制定共同使用和重复使用的条款，是一定领域内需要统一的技术要求。标准包括国家标准、行业标准、地方标准和团体标准、企业标准。国家标准分为强制性标准、推荐性标准。行业标准、地方标准是推荐性标准。

在土地整治与生态修复领域，目前笔者共收集到与此相关的标准908项。

上述收集到的标准中，2018年1月1日修订后的《中华人民共和国标准化法》施行以来出台的标准共有517项，其中国家标准65项（含强制性标准7项）、行业标准72项、地方标准380项（山东省内187项，山东省外193项）。

对照上述标准，特别是2018年1月1日以后出台的标准，笔者对比分析了山东省在土地整治与生态修复领域的标准体系。总体来看，山东省的标准体系相对完善，内容比较全面，时间比较及时。如：2015年6月国标《美丽乡村建设指南》（GB/T 32000—2015）出台，山东省2015年12月地标《生态文明乡村（美丽乡村）建设规范》系列出台；2016年4月，行标《土地整治项目规划设计规范》（TD/T 1012—2016）出台，2016年8月山东省地标《土地整治工程建设标准》（DB 37/T 2840—2016）出台。

但是，对比国家标准、行业标准，参照其他省（自治区、直辖市）的地方标准，山东省也有不完善、不全面之处。如：山东省有众多盐碱地，但是盐碱地生态利用改良技术方面，仅有2017年5月出台的《盐碱地造林技术规程》（DB 37/T 2960—2017），而内蒙古自治区已有《盐碱地改良效果评估技术规程》（DB 15/T 2676—2022）、《河套灌区盐碱化耕地综合改良技术规程》（DB 15/T 2256—2021）等多个地方标准。

遵循国家标准优先的原则，根据山东省地方特色，参照其他省（自治区、直辖市）地方标准，建议在山东省大量研究成果和实践经验的基础上，通过深入调查论证、广泛征求意见，编制山东省地方标准，补充完善山东省土地整治与生态修复领域的标准体系。

第一节　农村建设用地整理标准分析

一、村庄改造标准分析

笔者目前收集到的与村庄改造相关的标准 59 项，其中国家标准 10 项、地方标准 38 项（山东省内 21 项，山东省外 17 项）、行业标准 11 项。

根据收集到的标准，笔者对比村庄改造相关的国家标准、山东省外标准以及行业标准，可以看到山东省村庄改造相关的标准内容主要集中在乡村建设规划方面。如：2006 年 6 月山东省建设厅发布的《山东省村庄建设规划编制技术导则（试行）》；2015 年 12 月发布的《生态文明乡村（美丽乡村）建设规范 第 1 部分：规划编制指南》（DB 37/T 2737.1—2015）；2018 年 12 月发布的《美丽乡村标准化试点建设与验收指南》（DB 37/T 3467—2018）。而涉及新型、绿色、环保、健康生活的村庄改造相关标准较少，山东省烟台市在新型乡村建设方面仅有烟台市 2020 年 10 月发布的《海岛型美丽乡村建设指南》（DB 3706/T 69—2020）。在生态文明建设的背景下，笔者建议对于有关新型、绿色、环保、健康生活的乡村建设标准，如 2010 年 10 月环境保护部发布的行标《农业固体废物污染控制技术导则》（HJ 588—2010），2012 年 11 月卫生部、国家标准化管理委员会发布的国标《农村住宅卫生规范》（GB/T 9981—2012），2015 年 2 月湖南省质量技术监督局发布的地标《两型村庄》（DB 43/T

1012—2015），2019 年 11 月广东省生态环境厅、广东省市场监督管理局发布的地标《农村生活污水处理排放标准》（DB 44/T 2208—2019），2022 年 3 月国家市场监督管理总局、国家标准化管理委员会发布的国标《生活饮用水卫生标准》（GB 5749—2022）等，遵循国家标准优先原则和山东省本地标准优先原则，将国家标准和山东省内标准全部纳入村庄改造标准体系中，同时借鉴其他省份标准以及行业标准编制山东省地方标准。村庄改造建议构建标准见表 A.1、表 A.2、表 A.3、表 A.4。

表 A.1　村庄改造国家标准

编号	标准编号	标准名称	发布时间	发布部门	备注
1	GB 50039—2010	农村防火规范	2010/8/18	国家质量监督检验检疫总局、住房和城乡建设部	纳入
2	GB/T 9981—2012	农村住宅卫生规范	2012/11/20	卫生部、国家标准化管理委员会	纳入
3	GB 19379—2012	农村户厕卫生规范	2012/11/20	卫生部、国家标准化管理委员会	纳入
4	GB 7959—2012	粪便无害化卫生要求	2012/11/20	卫生部、国家标准化管理委员会	纳入
5	GB 18055—2012	村镇规划卫生规范	2012/11/20	国家标准化管理委员会、卫生部	纳入
6	GB/T 32000—2015	美丽乡村建设指南	2015/4/29	国家标准化管理委员会、国家质量监督检验检疫总局	纳入
7	GB/T 37072—2018	美丽乡村建设评价	2018/12/28	国家标准化管理委员会、国家市场监督管理总局	纳入

编号	标准编号	标准名称	发布时间	发布部门	备注
8	GB/T 50445—2019	村庄整治技术标准	2019/8/27	住房和城乡建设部、国家市场监督管理总局	纳入
9	GB/T 39049—2020	历史文化名村保护与修复技术指南	2020/9/29	国家市场监督管理总局、国家标准化管理委员会	纳入
10	GB 5749—2022	生活饮用水卫生标准	2022/3/15	国家市场监督管理总局、国家标准化管理委员会	纳入

表 A.2　村庄改造地方标准（山东省内）

编号	标准编号	标准名称	发布时间	发布部门	备注
1	—	山东省村庄建设规划编制技术导则（试行）	2006/6/1	山东省建设厅	纳入
2	DB 37/T 2460—2013	农村旧房改造防雷技术规范	2013/12/26	山东省质量技术监督局	纳入
3	山东省人民代表大会常务委员会公告［第107号］	山东省土地整治条例	2015/9/24	山东省人民代表大会常务委员会	纳入
4	DB 37/T 2737.1—2015	生态文明乡村（美丽乡村）建设规范 第1部分：规划编制指南	2015/12/18	山东省质量技术监督局	纳入

编号	标准编号	标准名称	发布时间	发布部门	备注
5	DB 37/T 2737.2—2015	生态文明乡村（美丽乡村）建设规范 第2部分：基础设施与村容环境	2015/12/18	山东省质量技术监督局	纳入
6	DB 37/T 2737.3—2015	生态文明乡村（美丽乡村）建设规范 第3部分：产业发展	2015/12/18	山东省质量技术监督局	纳入
7	DB 37/T 2737.7—2016	生态文明乡村（美丽乡村）建设规范 第7部分：评价	2016/4/18	山东省质量技术监督局	纳入
8	DB 37/T 2867—2016	农村无害化卫生厕所使用与维护规范	2016/10/21	山东省质量技术监督局	纳入
9	鲁政发〔2017〕12号	山东省人民政府关于印发山东省"十三五"卫生与健康规划的通知	2017/4/26	山东省人民政府	纳入
10	鲁农财字〔2018〕24号	山东省黄河滩区居民迁建农业专项方案	2018/4/17	山东省农业厅	纳入
11	DB 37/T 3175—2018	田园社区建设规范	2018/4/25	山东省市场监督管理局	纳入
12	DB 37/T 3467—2018	美丽乡村标准化试点建设与验收指南	2018/12/29	山东省市场监督管理局	纳入
13	DB 37/T 3593.1—2019	乡村电力建设 第1部分：规划编制指南	2019/7/23	山东省市场监督管理局	纳入
14	DB 37/T 4074—2020	山东省美丽村居建设标准	2020/8/20	山东省市场监督管理局	纳入
15	DB 3706/T 69—2020	海岛型美丽乡村建设指南	2020/10/20	烟台市市场监督管理局	纳入

续表

编号	标准编号	标准名称	发布时间	发布部门	备注
16	鲁自然资发〔2020〕10号	山东省保障农村村民住宅建设用地实施细则	2020/11/17	山东省自然资源厅、山东省农业农村厅	纳入
17	DB 37/T 4367—2021	农村新型社区生产生活生态三区共建通用要求	2021/3/11	山东省市场监督管理局	纳入
18	DB 37/T 4369—2021	农村居民点用地集约利用评价技术规范	2021/6/15	山东省市场监督管理局	纳入
19	济农字〔2021〕16号	关于进一步加强和规范农村宅基地审批管理的实施意见	2021/6/21	济南市农业农村局、济南市自然资源和规划局	纳入
20	—	山东省乡村振兴促进条例	2021/5/27	山东省人民代表大会常务委员会	纳入
21	鲁政办字〔2011〕103号	山东省人民政府办公厅关于加快推进农村集体土地确权登记发证工作的通知	—	山东省人民政府办公厅	纳入

表A.3 村庄改造地方标准（山东省外）

编号	标准编号	标准名称	发布时间	发布部门	备注
1	DB 43/T 1012—2015	两型村庄	2015/2/17	湖南省质量技术监督局	借鉴
2	DB 22/T 2298—2015	农村集体建设用地和房屋调查技术规程	2015/4/7	吉林省质量技术监督局	借鉴
3	DB 11/T 1199—2015	农村既有单层住宅建筑综合改造技术规程	2015/5/12	北京市住房和城乡建设委员会、北京市质量技术监督局	借鉴

续表

编号	标准编号	标准名称	发布时间	发布部门	备注
4	DB 11/T 1454—2017	村庄规划用地分类标准	2017/9/18	北京市规划和国土资源管理委员会、北京市质量技术监督局	借鉴
5	DB 36/T 976.3—2017	干净小镇建设指南 第3部分：干净村庄建设指南	2017/10/23	江西省质量技术监督局	借鉴
6	DB 52/T 1286—2018	精准扶贫 农村危房改造基本安全规范	2018/8/14	贵州省市场监督管理局	借鉴
7	DB 22/T 2983—2019	农村集体建设用地和房屋调查县级数据库建设技术规范	2019/5/27	吉林省市场监督管理厅	借鉴
8	DB 5305/T 15—2019	保山市美丽宜居乡村建设规范	2019/10/30	保山市市场监督管理局	借鉴
9	DB 44/T 2208—2019	农村生活污水处理排放标准	2019/11/22	广东省生态环境厅、广东省市场监督管理局	借鉴
10	DB 44/T 2247—2020	乡村振兴 示范村建设规范	2020/6/24	广东省市场监督管理局	借鉴
11	DB 11/T 1778—2020	美丽乡村绿化美化技术规程	2020/12/24	北京市市场监督管理局	借鉴
12	晋政办发〔2020〕115号	山西省人民政府办公厅关于印发山西省农村宅基地审批管理办法（试行）的通知	2021/1/8	山西省人民政府办公厅	借鉴

续表

编号	标准编号	标准名称	发布时间	发布部门	备注
13	汕府〔2021〕2号	汕尾市人民政府关于印发汕尾市农村宅基地和农村村民住房建设管理办法（试行）的通知	2021/1/13	汕尾市人民政府	借鉴
14	DB 3304/T 058—2021	新农村集聚点消防设施配置规范	2021/2/9	嘉兴市市场监督管理局	借鉴
15	DB 15/T 2131—2021	村庄规划编制规程	2021/3/25	内蒙古自治区市场监督管理局	借鉴
16	DB 3308/T 093—2021	未来乡村建设规范	2021/11/17	衢州市市场监督管理局	借鉴
17	DB 31/T 1109—2022	乡村振兴示范村建设指南	2022/2/16	上海市质量技术监督局	借鉴

表 A.4 村庄改造行业标准

编号	标准编号	标准名称	发布时间	发布部门	备注
1	建标 109—2008	农村普通中小学校建设标准	2008/10/1	住房和城乡建设部、国家发展和改革委员会	借鉴
2	HJ 588—2010	农业固体废物污染控制技术导则	2010/10/18	环境保护部	借鉴
3	财综〔2011〕128号	财政部 国土资源部关于印发土地开发整理项目预算定额标准	2011/12/31	财政部、国土资源部	借鉴
4	TD/T 1039—2013	土地整治项目工程量计算规则	2013/6/18	国土资源部	借鉴
5	TD/T 1038—2013	土地整治项目设计报告编制规程	2013/6/18	国土资源部	借鉴

续表

编号	标准编号	标准名称	发布时间	发布部门	备注
6	TD/T 1040—2013	土地整治项目制图规范	2013/6/18	国土资源部	借鉴
7	TD/T 1013—2013	土地整治项目验收规程	2013/10/12	国土资源部	借鉴
8	TD/T 1041—2013	土地整治工程质量检验与评定规程	2013/10/12	国土资源部	借鉴
9	自然资发〔2020〕84 号	关于加快宅基地和集体建设用地使用权确权登记工作的通知	2020/5/14	自然资源部	借鉴
10	自然资生态修复函〔2020〕37 号	全域土地综合整治试点实施要点（试行）	2020/6/30	自然资源部	借鉴
11	—	全域土地综合整治试点实施方案编制大纲（试行）	2021/4/14	自然资源部国土空间生态修复司	借鉴

二、乡村工矿企业破坏土地整治复垦标准分析

笔者目前收集到的与乡村工矿企业破坏土地整治复垦相关的标准有 9 项，其中国家标准 1 项、地方标准 7 项（山东省内 4 项，山东省外 3 项）、行业标准 1 项。

山东省早在 2004 年就出台了与乡村工矿企业破坏土地整治复垦相关的地标《山东省土地复垦管理办法（修正）》，但是后续标准不多，同时与之相关的国家标准、其他省份的地方标准及行业标准也较少。其中，国家标准和其他省份的地方标准主要在城镇污水处理厂污泥处置方面，而行业标准只有 2013 年 1 月国土资源部发布的行标《土地复垦质量控制标准》（TD/T 1036—2013）。根据上述相关标准，将已有的山东省本地

标准放入乡村工矿企业破坏土地整治复垦标准体系中,同时借鉴城镇污水处理厂污泥处置相关标准,编制山东省乡村污水处理厂污泥处置规范。乡村工矿企业破坏土地整治复垦建议构建标准见表B.1、表B.2、表B.3、表B.4。

表 B.1   乡村工矿企业破坏土地整治复垦国家标准

编号	标准编号	标准名称	发布时间	发布部门	备注
1	GB/T 24600—2009	城镇污水处理厂污泥处置土地改良用泥质	2009/11/15	国家质量监督检验检疫总局、国家标准化管理委员会	纳入

表 B.2   乡村工矿企业破坏土地整治复垦地方标准（山东省内）

编号	标准编号	标准名称	发布时间	发布部门	备注
1	山东省人民政府令第172号	山东省土地复垦管理办法（修正）	2004/7/15	山东省人民政府	纳入
2	DB 37/T 2322—2013	智慧矿山建设规范	2013/4/1	山东省质量技术监督局	纳入
3	DB 37/T 2840—2016	土地整治工程建设标准	2016/8/25	山东省质量技术监督局	纳入
4	鲁水规字〔2021〕10号	山东省水利厅关于印发《山东省水土保持技术服务评价管理办法（试行）》的通知	2021/12/17	山东省水利厅	纳入

表 B.3 乡村工矿企业破坏土地整治复垦地方标准（山东省外）

编号	标准编号	标准名称	发布时间	发布部门	备注
1	DB 5301/T 41—2019	城镇污水处理厂污泥处置土地利用技术规范	2019/12/31	昆明市市场监督管理局	借鉴
2	DB 5301/T 48—2020	城镇污水处理厂污泥处理处置规范	2020/7/1	昆明市市场监督管理局	借鉴
3	DB 41/T 1981—2020	矿山土地复垦土壤环境调查技术规范	2020/9/11	河南省市场监督管理局	借鉴

表 B.4 乡村工矿企业破坏土地整治复垦行业标准

编号	标准编号	标准名称	发布时间	发布部门	备注
1	TD/T 1036—2013	土地复垦质量控制标准	2013/1/23	国土资源部	借鉴

三、平坟复田标准分析

笔者目前收集到的与平坟复田相关的标准有 8 项，其中国家标准 1 项、地方标准 4 项（山东省内 2 项，山东省外 2 项）、行业标准 3 项。

总体来说，相关国家标准、地方标准和行业标准中与平坟复田相关的较少，主要是殡葬管理相关标准，如 2012 年 11 月国务院国标发布的《殡葬管理条例》、2018 年 6 月民政部等 9 部门发布的《关于印发〈全国殡葬领域突出问题专项整治行动方案〉的通知》、2019 年 12 月民政部发布的行标《节地生态安葬基本评价规范》（MZ/T 134—2019）等。这些标准大多以殡葬管理为目的，关于坟地整改为耕地的标准很少。因此，笔者建议山东省根据国家标准出台相关标准，进一步规范殡葬行业，同时增加耕地面积。平坟复田建议构建标准如表 C.1、表 C.2、表 C.3、表C.4。

表 C.1 平坟复田国家标准

编号	标准编号	标准名称	发布时间	发布部门	备注
1	国务院令第 628 号	殡葬管理条例	2012/11/9	国务院	纳入

表 C.2 平坟复田地方标准（山东省内）

编号	标准编号	标准名称	发布时间	发布部门	备注
1	山东省人民政府令第 103 号	山东省殡葬管理规定	2020/1/17	山东省人民政府	纳入
2	DB 37/T 4216—2020	文明殡葬工作指南	1999/1/19	山东省市场监督管理局	纳入

表 C.3 平坟复田地方标准（山东省外）

编号	标准编号	标准名称	发布时间	发布部门	备注
1	豫政办〔2012〕125 号	关于加快推进全省殡葬改革工作的通知	2012/9/16	河南省人民政府办公厅	借鉴
2	泰民发〔2019〕32 号	泰州市"三沿六区"散坟整治 2019 年工作计划	2019/4/17	泰州市民政局	借鉴

表 C.4 平坟复田行业标准

编号	标准编号	标准名称	发布时间	发布部门	备注
1	MZ/T 134—2019	节地生态安葬基本评价规范	2019/12/12	民政部	借鉴

编号	标准编号	标准名称	发布时间	发布部门	备注
2	民发〔2018〕5号	关于印发《关于进一步推动殡葬改革促进殡葬事业发展的指导意见》的通知	2018/1/10	民政部等16部门	借鉴
3	民发〔2018〕77号	关于印发《全国殡葬领域突出问题专项整治行动方案》的通知	2018/6/27	民政部等9部门	借鉴

四、农村公共服务用地整理标准分析

笔者目前收集到的与农村公共服务用地整理相关的标准有 58 项，其中国家标准 13 项、地方标准 33 项（山东省内 18 项，山东省外 15 项）、行业标准 12 项。

对比分析山东省在农村公共服务用地整理的标准体系，总体来看，山东省的标准体系相对完善、内容充实，如 2008 年 12 月山东省质量技术监督局发布的地标《园区水利设施管理和地质灾害防治安全管理规范》（DB 37/T 1072—2008）、2015 年 12 月山东省质量技术监督局发布的地标《生态文明乡村（美丽乡村）建设规范 第 4 部分：公共服务》（DB 37/T 2737.4—2015）、2019 年 1 月山东省市场监督管理局发布的地标《微型消防站建设标准》（DB 37/T 3486—2019）；2021 年 6 月山东省市场监督管理局出台的地标《农村区域性养老服务中心建设与运行规范》（DB 37/T 4372—2021）等。但是，山东省内标准也有不完善、不全面之处，如山东省还未出台与国标《水电新农村电气化验收规程》（GB/T 15659—2014）、国标《管道输水灌溉工程技术规范》（GB/T 20203—2017）、国标《村级公共服务中心建设与管理规范》（GB/T 38699—2020）等相对应的地方标准，因此需要进行补充编制。农村公共服务用地整理建议构建标准见表 D.1、表 D.2、表 D.3、表 D.4。

表 D.1　农村公共服务用地整理国家标准

编号	标准编号	标准名称	发布时间	发布部门	备注
1	GB/T 25179—2010	生活垃圾填埋场稳定化场地利用技术要求	2010/9/26	国家质量监督检验检疫总局、国家标准化管理委员会	纳入
2	GB/T 15659—2014	水电新农村电气化验收规程	2014/7/8	国家质量监督检验检疫总局、国家标准化管理委员会	纳入
3	国办发〔2015〕74 号	国务院办公厅关于推进基层综合性文化服务中心建设的指导意见	2015/10/20	国务院办公厅	纳入
4	GB/T 20203—2017	管道输水灌溉工程技术规范	2017/11/1	国家质量监督检验检疫总局、国家标准化管理委员会	纳入
5	GB/T 35343—2017	农村综合服务社规范	2017/12/29	国家质量监督检验检疫总局、国家标准化管理委员会	纳入
6	GB/T 37071—2018	农村生活污水处理导则	2018/12/28	国家市场监督管理总局、国家标准化管理委员会	纳入
7	GB/T 38354—2019	农村电子商务服务站（点）服务与管理规范	2019/12/31	国家市场监督管理总局、国家标准化管理委员会	纳入
8	GB/T 38353—2019	农村公共厕所建设与管理规范	2019/12/31	国家市场监督管理总局、国家标准化管理委员会	纳入
9	GB/T 38699—2020	村级公共服务中心建设与管理规范	2020/3/31	国家市场监督管理总局、国家标准化管理委员会	纳入

续表

编号	标准编号	标准名称	发布时间	发布部门	备注
10	GB/T 38837—2020	农村三格式户厕运行维护规范	2020/4/28	国家市场监督管理总局、国家标准化管理委员会	纳入
11	GB/T 38838—2020	农村集中下水道收集户厕建设技术规范	2020/4/28	国家市场监督管理总局、国家标准化管理委员会	纳入
12	GB/T 38836—2020	农村三格式户厕建设技术规范	2020/4/28	国家市场监督管理总局、国家标准化管理委员会	纳入
13	GB/T 40201—2021	农村生活污水处理设施运行效果评价技术要求	2021/5/21	国家市场监督管理总局、国家标准化管理委员会	纳入

表 D.2　农村公共服务用地整理地方标准（山东省内）

编号	标准编号	标准名称	发布时间	发布部门	备注
1	DB 37/T 1072—2008	园区水利设施管理和地质灾害防治安全管理规范	2008/12/4	山东省质量技术监督局	纳入
2	DB 37/T 1383—2009	消防控制室建设规范	2009/12/21	山东省质量技术监督局	纳入
3	DB 37/T 2464—2014	"九小场所"消防安全标准化建设	2014/4/21	山东省质量技术监督局	纳入
4	DB 37/T 2732—2015	农村中小学标准化校舍改造建设规范：学校厕所	2015/12/14	山东省质量技术监督局	纳入
5	DB 37/T 2737.4—2015	生态文明乡村（美丽乡村）建设规范 第4部分：公共服务	2015/12/18	山东省质量技术监督局	纳入

编号	标准编号	标准名称	发布时间	发布部门	备注
6	DB 37/T 2840—2016	土地整治工程建设标准	2016/8/25	山东省质量技术监督局	纳入
7	DB 37/T 3094—2018	农村幸福院建设与运行规范	2018/5/17	山东省市场监督管理局	纳入
8	DB 37/T 3305—2018	乡镇综合气象服务站建设与服务指南	2018/6/12	山东省市场监督管理局	纳入
9	DB 37/T 502—2018	无规定动物疫病区县级兽医实验室建设要求	2018/6/12	山东省市场监督管理局	纳入
10	DB 37/T 3486—2019	微型消防站建设标准	2019/1/29	山东省市场监督管理局	纳入
11	DB 37/T 3865—2020	农村公厕建设与管理规范	2020/3/16	山东省市场监督管理局	纳入
12	DB 37/T 3933—2020	农村新型社区体育设施建设基本要求	2020/4/3	山东省市场监督管理局	纳入
13	DB 37/T 3963—2020	村镇供水工程建设质量检测规范	2020/6/8	山东省市场监督管理局	纳入
14	DB 37/T 4083—2020	公共文化（群众艺术）馆服务规范	2020/8/20	山东省市场监督管理局	纳入
15	DB 37/T 4080—2020	村（社区）综合性文化服务中心服务规范	2020/8/20	山东省市场监督管理局	纳入
16	DB 37/T 4372—2021	农村区域性养老服务中心建设与运行规范	2021/6/15	山东省市场监督管理局	纳入

续表

编号	标准编号	标准名称	发布时间	发布部门	备注
17	DB 37/T 4447—2021	水利工程输水管道施工质量验收评定规范	2021/12/13	山东省市场监督管理局	纳入
18	鲁水建字〔2022〕1号	山东省水利厅关于印发《山东省水利工程建设项目施工、监理、质量检测招标评标标准》的通知	2022/1/4	山东省水利厅	纳入

表 D.3 农村公共服务用地整理地方标准（山东省外）

编号	标准编号	标准名称	发布时间	发布部门	备注
1	DB 11/T 547—2008	村镇供水工程技术导则	2008/3/28	北京市质量技术监督局	借鉴
2	DB 42/T 1294—2017	乡镇（村）级物流综合服务站点建设规范	2017/10/13	湖北省质量技术监督局	借鉴
3	DB 3302/T 1074—2018	乡镇（街道）图书馆建设与服务规范	2018/6/21	宁波市市场监督管理局	借鉴
4	DB 42/T 1467—2018	土地整治工程施工管理规范	2018/10/9	湖北省质量技术监督局	借鉴
5	DB 11/T 597—2018	农村公厕、户厕建设基本要求	2018/12/17	北京市市场监督管理局	借鉴
6	DB 3710/T 116—2020	消费维权服务站建设运行规范	2020/6/12	威海市市场监督管理局	借鉴
7	DB 50/T 1015—2020	土地整治项目规划设计规范	2020/7/10	重庆市市场监督管理局	借鉴

续表

编号	标准编号	标准名称	发布时间	发布部门	备注
8	DB 32/T 3869—2020	土地整治项目测量技术规范	2020/10/13	江苏省市场监督管理局	借鉴
9	DB 3303/T 027—2020	农村供水站运行管理规范	2020/12/1	温州市市场监督管理局	借鉴
10	DB 31/T 1286—2021	基层农机服务点设置技术规范	2021/2/9	上海市市场监督管理局	借鉴
11	DB 33/T 2347—2021	农村电影放映场所建设与管理规范	2021/6/1	浙江省市场监督管理局	借鉴
12	DB 33/T 2346—2021	农村家宴中心建设与运行管理规范	2021/6/1	浙江省市场监督管理局	借鉴
13	DB 1310/T 249—2021	美丽乡村 文化广场管理与维护规范	2021/11/15	廊坊市市场监督管理局	借鉴
14	DB 1310/T 250—2021	美丽乡村 文体设施建设与管理规范	2021/11/15	廊坊市市场监督管理局	借鉴
15	DB 11/T 468—2021	农村集中供水工程运行维护技术规程	2021/12/28	北京市市场监督管理局	借鉴

表 D.4 农村公共服务用地整理行业标准

编号	标准编号	标准名称	发布时间	发布部门	备注
1	CJJ 124—2008	镇（乡）村排水工程技术规程	2008/6/13	住房和城乡建设部	借鉴
2	建标 160—2012	乡镇综合文化站建设标准	2012/3/23	住房和城乡建设部、国家发展和改革委员会	借鉴

编号	标准编号	标准名称	发布时间	发布部门	备注
3	TD/T 1035—2013	县级土地整治规划编制规程	2013/1/23	国土资源部	借鉴
4	TD/T 1034—2013	市（地）级土地整治规划编制规程	2013/1/23	国土资源部	借鉴
5	TD/T 1041—2013	土地整治工程质量检验与评定规程	2013/10/12	国土资源部	借鉴
6	TD/T 1013—2013	土地整治项目验收规程	2013/10/12	国土资源部	借鉴
7	文化部令第 48 号	乡镇综合文化站管理办法	2009/9/15	文化部	借鉴
8	SL 288—2014	水利工程施工监理规范	2014/10/30	水利部	借鉴
9	TD/T 1046—2016	土地整治权属调整规范	2016/4/22	国土资源部	借鉴
10	TD/T 1012—2016	土地整治项目规划设计规范	2016/4/22	国土资源部	借鉴
11	TD/T 1047—2016	土地整治重大项目实施方案编制规程	2016/7/12	国土资源部	借鉴
12	TD/T 1054—2018	土地整治术语	2018/3/15	国土资源部	借鉴

五、农村基础设施用地整理标准分析

笔者目前收集到的与农村基础设施用地整理相关的标准有 33 项，其中国家标准 14 项、地方标准 13 项（山东省内 6 项，山东省外 7 项）、行业标准 6 项。

对照收集到的国家标准、省外标准和行业标准可以看到，山东省在农村基础设施用地整理领域的标准体系较少，且集中在道路相关方面，如 2008 年 12 月山东省质量技术监督局的地标《园区道路交通安全管理规范》（DB 37/T 1070—2008），2018 年 3 月发布的地标《村庄道路建设规范》（DB 37/T 5112—2018），2020 年 11 月发布的地标《黄泛区公路工程地质勘察与地基处理技术规范》（DB 37/T 4228—2020）等，而与农村基础设施建设相关的技术标准较少。因此，笔者建议山东省通过纳入、部分纳入或借鉴相关国家标准、省外标准和行业标准，补充山东省农村基础设施用地整理标准体系。农村基础设施用地整理建议构建标准见表 E.1、表 E.2、表 E.3、表 E.4。

表 E.1　农村基础设施用地整理国家标准

编号	标准编号	标准名称	发布时间	发布部门	备注
1	GB/T 50085—2007	喷灌工程技术规范	2007/4/6	建设部、国家质量监督检验检疫总局	纳入
2	GB/T 50625—2010	机井技术规范	2010/8/18	住房和城乡建设部	纳入
3	GB 50054—2011	低压配电设计规范	2011/7/26	住房和城乡建设部国家质量监督检验检疫总局	纳入
4	GB 50952—2013	农村民居雷电防护工程技术规范	2013/12/9	国家质量监督检验检疫总局、住房和城乡建设部	纳入
5	GB 50201—2014	防洪标准	2014/6/23	住房和城乡建设部国家质量监督检验检疫总局	纳入
6	GB/T 51224—2017	乡村道路工程技术规范	2017/2/21	住房和城乡建设部国家质量监督检验检疫总局	纳入

续表

编号	标准编号	标准名称	发布时间	发布部门	备注
7	GB/T 20203—2017	管道输水灌溉工程技术规范	2017/11/1	国家质量监督检验检疫总局、国家标准化管理委员会	纳入
8	GB 50217—2018	电力工程电缆设计标准	2018/2/8	住房和城乡建设部、国家质量监督检验检疫总局	纳入
9	GB 50288—2018	灌溉与排水工程设计标准	2018/3/16	住房和城乡建设部、国家质量监督检验检疫总局	纳入
10	GB/T 50363—2018	节水灌溉工程技术标准	2018/3/16	住房和城乡建设部、国家质量监督检验检疫总局	纳入
11	GB/T 38549—2020	农村（村庄）河道管理与维护规范	2020/3/6	国家市场监督管理总局、国家标准化管理委员会	纳入
12	GB/T 50600—2020	渠道防渗衬砌工程技术标准	2020/6/9	住房和城乡建设部、国家市场监督管理总局	纳入
13	GB/T 50485—2020	微灌工程技术标准	2020/6/9	住房和城乡建设部、国家市场监督管理总局	纳入
14	GB 50265—2022	泵站设计标准	2022/7/15	住房和城乡建设部国家市场监督管理总局	纳入

表 E.2 农村基础设施用地整理地方标准（山东省内）

编号	标准编号	标准名称	发布时间	发布部门	备注
1	DB 37/T 1070—2008	园区道路交通安全管理规范	2008/12/4	山东省质量技术监督局	纳入

续表

编号	标准编号	标准名称	发布时间	发布部门	备注
2	DB 37/T 5112—2018	村庄道路建设规范	2018/3/19	山东省住房和城乡建设厅、山东省质量技术监督局	纳入
3	DB 37/T 3488—2019	现代农田灌溉与排水技术标准	2019/1/29	山东省市场监督管理局	纳入
4	DB 37/T 4228—2020	黄泛区公路工程地质勘察与地基处理技术规范	2020/11/26	山东省市场监督管理局	纳入
5	DB 3701/T 16—2020	公共汽（电）车中途站设计导则	2020/12/28	济南市市场监督管理局	纳入
6	鲁政办字〔2021〕51号	全省"四好农村路"提质增效专项行动方案	2021/6/4	山东省人民政府办公厅	纳入

表 E.3　农村基础设施用地整理地方标准（山东省外）

编号	标准编号	标准名称	发布时间	发布部门	备注
1	DB 11/T 595—2008	公共停车场工程建设规范	2008/11/14	北京市质量技术监督局	借鉴
2	DB 32/T 2929—2016	农村（村庄）道路管理与养护规范	2016/4/20	江苏省质量技术监督局	借鉴
3	DB 4105/T 149—2020	农村公路建设指南	2020/11/10	安阳市市场监督管理局	借鉴
4	DB 2109/T 001—2021	阜新市农村土地整治项目道路勘测设计标准	2021/2/22	阜新市市场监督管理局	借鉴

续表

编号	标准编号	标准名称	发布时间	发布部门	备注
5	DB 5301/T 58—2021	机械式停车场（库）建设管理技术规范	2021/3/20	昆明市市场监督管理局	借鉴
6	DB 52/T 1609—2021	山区普通公路改扩建工程技术规范	2021/8/18	贵州省市场监督管理局	借鉴
7	DB 21/T 1728—2009	农村公路水泥混凝土路面设计与施工技术规范	2009/6/19	辽宁省质量技术监督局	借鉴

表 E.4　农村基础设施用地整理行业标准

编号	标准编号	标准名称	发布时间	发布部门	备注
1	DL/T 5118—2010	农村电力网规划设计导则	2011/1/9	国家能源局	借鉴
2	JTG D60—2015	公路桥涵设计通用规范	2015/9/9	交通运输部	借鉴
3	JTG D30—2015	公路路基设计规范	2015/2/15	交通运输部	借鉴
4	SL 265—2016	水闸设计规范	2016/11/30	水利部	借鉴
5	JTG D50—2017	公路沥青路面设计规范	2017/3/20	交通运输部	借鉴
6	JTG 2111—2019	小交通量农村公路工程技术标准	2019/2/19	交通运输部	借鉴

六、农村产业园区整理标准分析

笔者目前收集到的与农村产业园区整理相关的标准有 34 项，其中国家标准 6 项、地方标准 24 项（山东省内 9 项，山东省外 15 项）、行业标准 4 项。

总体上看，山东省农村产业园区整理相关的标准种类较为齐全，涉及农业、生态等多种标准，如2015年12月山东省质量技术监督局发布的地标《农业综合标准化示范区建设指南》（DB 37/T 2750—2015）、2016年11月山东省质量技术监督局发布的地标《生态休闲农业园区建设规范》（DB 37/T 2868—2016）、2019年3月山东省市场监督管理局发布的地标《生态休闲农业园区等级划分与评价》（DB 37/T 3530—2019）、2019年5月山东省市场监督管理局发布的地标《茶叶标准园建设与管理规范》（DB 37/T 3555—2019）等。虽然山东省出台的农村产业园区整理相关标准涉及的种类较多，但是相关标准的数量较少。因此，笔者建议通过纳入国家标准，借鉴省外标准或行业标准，如2015年2月国家质量监督检验检疫总局、国家标准化管理委员会发布的国标《旅游景区游客中心设置与服务规范》（GB/T 31383—2015），2016年6月国家质量监督检验检疫总局、国家标准化管理委员会发布的国标《都市农业园区通用要求》（GB/Z 32711—2016），2020年12月四川省市场监督管理局发布的地标《杉木低产林改造技术规程》（DB 51/T 2732—2020）等，补充山东省农村产业园区整理标准体系。农村产业园区整理建议构建标准见表F.1、表F.2、表F.3、表F.4。

表 F.1　农村产业园区整理国家标准

编号	标准编号	标准名称	发布时间	发布部门	备注
1	GB/T 31383—2015	旅游景区游客中心设置与服务规范	2015/2/4	国家质量监督检验检疫总局、国家标准化管理委员会	纳入
2	GB/T 31384—2015	旅游景区公共信息导向系统设置规范	2015/2/4	国家质量监督检验检疫总局、国家标准化管理委员会	纳入

续表

编号	标准编号	标准名称	发布时间	发布部门	备注
3	GB/T 31600—2015	农业综合标准化工作指南	2015/6/2	国家质量监督检验检疫总局、国家标准化管理委员会	纳入
4	GB/Z 32339—2015	创意农业园区通用要求	2015/12/31	国家质量监督检验检疫总局、国家市场监督管理总局	纳入
5	GB/Z 32711—2016	都市农业园区通用要求	2016/6/14	国家质量监督检验检疫总局、国家标准化管理委员会	纳入
6	GB/T 36736—2018	花卉休闲区建设与服务规范	2018/9/28	国家市场监督管理总局、国家标准化管理委员会	纳入

表 F.2　农村产业园区整理地方标准（山东省内）

编号	标准编号	标准名称	发布时间	发布部门	备注
1	DB 37/T 2206—2012	葡萄酒庄园规范	2012/12/19	山东省质量技术监督局	纳入
2	DB 37/T 2750—2015	农业综合标准化示范区建设指南	2015/12/22	山东省质量技术监督局	纳入
3	DB 37/T 2868—2016	生态休闲农业园区建设规范	2016/11/15	山东省质量技术监督局	纳入
4	—	山东省自然资源厅召开"大棚房"问题专项清理整治行动和重点工程项目执法监管情况调度会议	2018/11/16	山东省自然资源厅（省林业局）	纳入

续表

编号	标准编号	标准名称	发布时间	发布部门	备注
5	DB 37/T 3530—2019	生态休闲农业园区等级划分与评价	2019/3/21	山东省市场监督管理局	纳入
6	DB 37/T 3529—2019	现代生态循环农业示范区建设与评价指南	2019/3/21	山东省市场监督管理局	纳入
7	DB 37/T 3528—2019	现代生态循环农业示范县建设与评价指南	2019/3/21	山东省市场监督管理局	纳入
8	DB 37/T 3555—2019	茶叶标准园建设与管理规范	2019/5/29	山东省市场监督管理局	纳入
9	DB 37/T 4230—2020	休闲农业采摘园管理与服务规范	2020/11/26	山东省市场监督管理局	纳入

表F.3 农村产业园区整理地方标准（山东省外）

编号	标准编号	标准名称	发布时间	发布部门	备注
1	DB 34/T 2178—2014	低效梨园改造技术规程	2014/9/23	安徽省质量技术监督局	借鉴
2	DB 32/T 2789—2015	蔬菜集约化育苗场建设规范	2015/6/15	江苏省质量技术监督局	借鉴
3	DB 51/T 2213—2016	农业主题公园建设规范	2016/8/18	四川省质量技术监督局	借鉴
4	DB 11/T 1514—2018	低效果园改造技术规范	2018/4/4	北京市质量技术监督局	借鉴
5	DB5308/T 35.2—2018	立体生态茶园建设技术规程 第2部分：中低产茶园改造成立体生态茶园	2018/8/17	普洱市市场监督管理局	借鉴

编号	标准编号	标准名称	发布时间	发布部门	备注
6	DB 51/T 2583—2019	油樟低产低效林改造技术规程	2019/4/16	四川省市场监督管理局	借鉴
7	DB 12/T 899—2019	农业综合标准化示范区建设指南	2019/7/16	天津市市场监督管理委员会	借鉴
8	DB 5305/T 2.7—2019	保山市茶叶标准化生产综合技术规范 第7部分：低产茶园改造	2019/10/30	保山市市场监督管理局	借鉴
9	DB 45/T 2081—2019	低效茶园改造技术规程	2019/12/25	广西壮族自治区市场监督管理局	借鉴
10	DB 36/T 1217—2019	休闲农庄（园）建设规范	2019/12/27	江西省市场监督管理局	借鉴
11	DB 11/T 1739—2020	共享农园建设与管理规范	2020/6/30	北京市市场监督管理局	借鉴
12	DB 43/T 1805—2020	樟树低效林分改造技术规程	2020/7/29	湖南省市场监督管理局	借鉴
13	DB 51/T 2732—2020	杉木低产林改造技术规程	2020/12/17	四川省市场监督管理局	借鉴
14	DB 45/T 2349—2021	生态茶园建设与管理规范	2021/7/27	广西壮族自治区市场监督管理局	借鉴
15	DB 45/T 2348—2021	沙田柚低产园改造技术规程	2021/7/27	广西壮族自治区市场监督管理局	借鉴

表 F.4　农村产业园区整理行业标准

编号	标准编号	标准名称	发布时间	发布部门	备注
1	SB/T 10421—2007	农家乐经营服务规范	2007/3/28	商务部	借鉴
2	LB/T 065—2019	旅游民宿基本要求与评价	2019/7/3	文化和旅游部	借鉴
3	农计函〔2009〕33号	国家现代农业示范区认定管理办法	2009/11/6	农业部	借鉴
4	农农发〔2018〕3号	关于开展"大棚房"问题专项清理整治行动坚决遏制农地非农化的方案	2018/9/14	农业农村部、自然资源部	借鉴

第二节　城镇建设用地整理标准分析

一、旧城改造标准分析

笔者目前收集到的与旧城改造相关的标准有 25 项，其中国家标准 9 项、地方标准 14 项（山东省内 7 项，山东省外 7 项）、行业标准 2 项。

根据笔者收集的相关标准可以看到，山东省出台关于旧城改造的标准数量不多，主要涉及路面保养、老旧电梯更新改造和老旧住宅小区改造、新型智慧城市建设等相关方面，如 2009 年 1 月山东省质量技术监督局发布的地标《旧水泥混凝土路面碎石化技术规程》（DB 37/T 1160—2009）、2015 年 2 月山东省质量技术监督局发布的地标《电梯更新、改造、修理评价技术规范》（DB 37/T 2645—2015）、2020 年 3 月山东省市场监督管理局发布的地标《新型智慧城市建设指标 第 3 部分：智慧社区指标》（DB 37/T 3890.3—2020）、2021 年 12 月山东省临沂市市场监督管理局发布的地标《老旧住宅小区基础服务规范》（DB 3713/T 241—2021）等。而国家标准、省外地方标准和行业标准等相关标准更加细化和全面，如 2013 年 8 月住房和城乡建设部、国家质量监督检验检疫总局发布的国标《供热系统节能改造技术规范》（GB/T 50893—2013），2018 年 9 月国家市场监督管理总局、国家标准化管理委员会发布的国标《社区便民服务中心服务规范》（GB/T 36735—2018），2022 年 8 月杭州市市场监督管理局发布的地标《城中村改造拆迁安置房小区长效管理规范》（GB 3301/T 0304—2022）等。因此，笔者建议将国家标准中山东省未出台的标准纳入旧城改造标准体系中，同时借鉴省外地方标准和行业标准，编制山东省还未出台的相关标准。旧城改造建议构建标准见表 G.1、表 G.2、表 G.3、表 G.4。

表 G.1 旧城改造国家标准

编号	标准编号	标准名称	发布时间	发布部门	备注
1	GB 25201—2010	建筑消防设施的维护管理	2010/9/26	国家质量监督检验检疫总局、国家标准化管理委员会	纳入
2	GB/T 50893—2013	供热系统节能改造技术规范	2013/8/8	住房和城乡建设部、国家质量监督检验检疫总局	纳入
3	GB/T 34419—2017	城市社区多功能公共运动场配置要求	2017/10/14	国家标准化管理委员会、国家质量监督检验检疫总局	纳入
4	GB/T 36040—2018	居民住宅小区电力配置规范	2018/3/15	国家标准化管理委员会、国家质量监督检验检疫总局	纳入
5	GB/T 36333—2018	智慧城市 顶层设计指南	2018/6/7	国家市场监督管理总局、国家标准化管理委员会	纳入

续表

编号	标准编号	标准名称	发布时间	发布部门	备注
6	GB/T 36735—2018	社区便民服务中心服务规范	2018/9/17	国家市场监督管理总局、国家标准化管理委员会	纳入
7	GB/T 37043—2018	智慧城市 术语	2018/12/28	国家市场监督管理总局、国家标准化管理委员会	纳入
8	GB/T 40758—2021	城市和社区可持续发展术语	2021/10/11	国家市场监督管理总局、国家标准化管理委员会	纳入
9	GB/T 21741—2021	住宅小区安全防范系统通用技术要求	2021/12/31	国家市场监督管理总局、国家标准化管理委员会	纳入

表 G.2　旧城改造地方标准（山东省内）

编号	标准编号	标准名称	发布时间	发布部门	备注
1	鲁公通〔2006〕187 号	关于印发《山东省建筑消防设施维护保养管理办法》的通知	2006/7/30	山东省公安厅	纳入
2	DB 37/T 1160—2009	旧水泥混凝土路面碎石化技术规程	2009/1/31	山东省质量技术监督局	纳入
3	DB 37/T 2645—2015	电梯更新、改造、修理评价技术规范	2015/2/4	山东省质量技术监督局	纳入
4	DB 37/T 3888—2020	老旧电梯及其主要部件安全评估导则	2020/3/31	山东省市场监督管理局	纳入
5	DB 37/T 3890.3—2020	新型智慧城市建设指标 第3部分：智慧社区指标	2020/3/31	山东省市场监督管理局	纳入
6	DB 37/T 4301—2020	商业步行街改造提升规范	2020/12/30	山东省市场监督管理局	纳入
7	DB 3713/T 241—2021	老旧住宅小区基础服务规范	2021/12/15	临沂市市场监督管理局	纳入

表 G.3 旧城改造地方标准（山东省外）

编号	标准编号	标准名称	发布时间	发布部门	备注
1	DB11/T 1477—2017	供热管网改造技术规程	2017/12/15	北京市质量技术监督局	借鉴
2	DB 34/T 3174—2018	旧水泥混凝土路面微裂均质化再生技术规程	2018/8/8	安徽省市场监督管理局	借鉴
3	DB 34/T 3506—2019	智慧社区 建设指南	2019/12/25	安徽省市场监督管理局	借鉴
4	DB 13/T 5369—2021	老旧小区消防设施改造技术导则	2021/4/26	河北省市场监督管理局	借鉴
5	DB 34/T 4053—2021	城市旧水泥路面改造工程共振碎石化技术标准	2021/9/30	安徽省市场监督管理局	借鉴
6	DB 63/T 2005—2021	旧水泥混凝土路面集中破碎再生基层技术规范	2021/12/25	青海省市场监督管理局	借鉴
7	DB 3301/T 0304—2022	城中村改造拆迁安置房小区长效管理规范	2022/8/30	杭州市市场监督管理局	借鉴

表 G.4 旧城改造行业标准

编号	标准编号	标准名称	发布时间	发布部门	备注
1	JTG H30—2015	公路养护安全作业规程	2015/4/20	交通运输部	借鉴
2	CJJ 36—2016	城镇道路养护技术规范	2016/11/15	住房和城乡建设部	借鉴

二、城乡建设用地置换标准分析

笔者目前收集到的与城乡建设用地置换相关的标准有 29 项，其中国家标准 1 项、地方标准 23 项（山东省内 12 项，山东省外 11 项）、行业标准 5 项。

笔者根据收集到的标准发现，早在 2011 年山东省质量技术监督局就发布了关于公共资源交易的地标《公共资源交易服务规范》第 1～4 部分，这为山东省此后发布城乡建设用地增减挂钩以及耕地占补平衡等相关标准编制打下了基础，如 2014 年 4 月山东省国土资源厅发布地标《山东省国土资源厅关于印发〈山东省城乡建设用地增减挂钩试点项目报批管理办法〉的通知》，2016 年 6 月山东省菏泽市发布地标《菏泽市人民政府办公室关于加快推进城乡建设用地增减挂钩工作的实施意见》（菏政办字〔2016〕68 号），2019 年 10 月山东省自然资源厅、山东省财政厅发布《山东省自然资源厅 山东省财政厅关于规范和改进耕地占补平衡管理工作的通知》（鲁自然资规〔2019〕5 号）。相比与之相关的国家标准、省外地方标准及行业标准，山东省城乡建设用地置换标准体系较为全面，但是该体系内的标准数量目前还较少。因此，笔者建议将国标全部纳入该标准中，借鉴省外标准和行业标准，以扩充山东省城乡建设用地置换标准体系。城乡建设用地置换建议构建标准见表 H.1、表 H.2、表 H.3、表 H.4。

表 H.1　城乡建设用地置换国家标准

编号	标准编号	标准名称	发布时间	发布部门	备注
1	国发〔2010〕47 号	关于严格规范城乡建设用地增减挂钩试点切实做好农村土地整治工作的通知	2010/12/27	国务院	纳入

表 H.2 城乡建设用地置换地方标准（山东省内）

编号	标准编号	标准名称	发布时间	发布部门	备注
1	鲁国土资发〔2009〕103号	山东省国土资源厅关于调整工业用地出让地价政策有关问题的通知	2009/7/17	山东省自然资源厅	纳入
2	DB37/T 1982.2—2011	公共资源交易服务规范第2部分：政府采购	2011/11/1	山东省质量技术监督局	纳入
3	DB37/T 1982.4—2011	公共资源交易服务规范第4部分：土地招拍挂	2011/11/1	山东省质量技术监督局	纳入
4	鲁国土资发〔2014〕18号	山东省国土资源厅关于印发《山东省城乡建设用地增减挂钩试点项目报批管理办法》的通知	2014/4/3	山东省国土资源厅	纳入
5	鲁办发〔2015〕44号	关于深入推进农村社区建设的实施意见	2015/10/28	中共山东省委办公厅、山东省人民政府办公厅	纳入
6	菏政办字〔2016〕68号	菏泽市人民政府办公室关于加快推进城乡建设用地增减挂钩工作的实施意见	2016/6/21	山东省菏泽市人民政府办公室	纳入
7	聊政办字〔2017〕113号	关于进一步推进城乡建设用地增减挂钩试点工作的落实意见	2017/11/13	山东省聊城市人民政府办公室	纳入
8	鲁国土资字〔2018〕304号	关于印发山东省使用跨省域调剂城乡建设用地增减挂钩节余指标及资金收取实施细则的通知	2018/10/11	山东省国土资源厅、山东省财政厅	纳入
9	DB37/T 3468—2018	新型城镇化标准化试点建设与验收指南	2018/12/29	山东省市场监督管理局	纳入

编号	标准编号	标准名称	发布时间	发布部门	备注
10	鲁自然资规〔2019〕5号	关于规范和改进耕地占补平衡管理工作的通知	2019/10/8	山东省自然资源厅、山东省财政厅	纳入
11	鲁政办发〔2020〕14号	山东省人民政府办公厅关于规范用地审批权行使做好建设用地报批工作的通知	2020/7/11	山东省人民政府办公厅	纳入
12	DB37/T 4302—2021	城市地价动态监测数据上报质量控制规范	2021/2/2	山东省市场监督管理局	纳入

表 H.3　城乡建设用地置换地方标准（山东省外）

编号	标准编号	标准名称	发布时间	发布部门	备注
1	苏国土资发〔2008〕290号	江苏省"万顷良田建设工程"试点方案	2008/9/28	江苏省国土资源厅	借鉴
2	渝府发〔2008〕127号	重庆农村土地交易所管理暂行办法	2008/11/17	重庆市人民政府	借鉴
3	津政令〔2008〕18号	天津市以宅基地换房建设示范小城镇管理办法	2009/6/13	天津市人民政府	借鉴
4	闽政〔2011〕21号	福建省人民政府贯彻国务院关于严格规范城乡建设用地增减挂钩试点切实做好农村土地整治工作的通知	2011/3/20	福建省人民政府	借鉴
5	苏政发〔2011〕68号	江苏省人民政府关于严格规范城乡建设用地增减挂钩试点切实做好农村土地整治工作的实施意见	2011/4/26	江苏省人民政府	借鉴

续表

编号	标准编号	标准名称	发布时间	发布部门	备注
6	DB 50/T 475—2012	城乡建设用地适宜性评价技术规程	2012/12/30	重庆市质量技术监督局	借鉴
7	DB 50/T 570—2014	现状城乡建设用地遥感解译规程	2014/11/21	重庆市质量技术监督局	借鉴
8	DB 12/T 598—2015	天津市建设项目用地控制指标（所有部分）	2015/9/18	天津市质量技术监督局	借鉴
9	同政办发〔2016〕163号	关于印发《大同市国有建设用地置换补偿办法》的通知	2016/12/7	山西省大同市人民政府办公厅	借鉴
10	苏政办发〔2017〕101号	江苏省人民政府办公厅关于印发江苏省增减挂钩节余指标流转使用管理暂行办法的通知	2017/7/13	江苏省人民政府办公厅	借鉴
11	DB 64/T 1700—2020	宁夏工业项目建设用地控制指标	2020/2/28	宁夏回族自治区市场监督管理厅	借鉴

表 H.4　城乡建设用地置换行业标准

编号	标准编号	标准名称	发布时间	发布部门	备注
1	TD/T 1009—2007	城市地价动态监测技术规范	2007/5/21	国土资源部	借鉴
2	国土资发〔2007〕169号	关于进一步规范城乡建设用地增减挂钩试点工作的通知	2007/7/13	国土资源部	借鉴
3	国土资发〔2008〕138号	城乡建设用地增减挂钩试点管理办法	2008/6/27	国土资源部	借鉴

续表

编号	标准编号	标准名称	发布时间	发布部门	备注
4	国土资发〔2011〕80号	城乡建设用地增减挂钩试点和农村土地整治有关问题的处理意见	2011/6/19	国土资源部	纳入
5	自然资规〔2018〕4号	城乡建设用地增减挂钩节余指标跨省域调剂实施办法	2018/8/8	自然资源部	纳入

三、闲置、低效用地开发与再开发标准分析

笔者目前收集到的与闲置、低效用地开发与再开发相关的标准有 19 项，其中国家标准 1 项、地方标准 14 项（山东省内 9 项，山东省外 5 项）、行业标准 4 项。

笔者通过收集到的相关标准，对比分析山东省在闲置、低效用地开发与再开发的标准体系，总体来看，山东省相关标准体系相对完善、内容充实，如 2014 年 9 月山东省发布的地标《山东省国土资源厅关于盘活企业低效用地的意见》（鲁国土资发〔2014〕39 号）、2019 年 5 月山东省发布的《山东省人民政府办公厅关于节约集约用地保障重大项目建设的意见》（鲁政办字〔2019〕90 号）、2020 年 3 月发布的《山东省人民政府办公厅关于推进城镇低效用地再开发的意见》（鲁政办字〔2020〕32 号）。但是对比相关国家标准、省外地方标准以及行业标准，山东省相关标准也有不完善、不全面之处，如 2010 年 9 月国土资源部就发布了行标《开发区土地集约利用评价数据库标准》（TD/T 1030—2010），而山东省未发布相关的地标。因此，笔者建议山东省借鉴补充、编制相关标准，以期进一步完善山东省闲置、低效用地开发与再开发的标准体系。闲置、低效用地开发与再开发建议构建标准见表 I.1、表 I.2、表 I.3、表 I.4。

表 I.1　闲置、低效用地开发与再开发国家标准

编号	标准编号	标准名称	发布时间	发布部门	备注
1	GB/T 39218—2020	智慧化工园区建设指南	2020/10/11	国家市场监督管理总局、国家标准化管理委员会	纳入

表 I.2　闲置、低效用地开发与再开发地方标准（山东省内）

编号	标准编号	标准名称	发布时间	发布部门	备注
1	DB 37/T 1721—2010	高速公路建设节约用地设计规定	2010/12/30	山东省质量技术监督局	纳入
2	鲁国土资发〔2014〕39号	山东省国土资源厅关于盘活企业低效用地的意见	2014/9/23	山东省国土资源厅	纳入
3	DB 37/T 2657—2015	智慧园区建设与管理通用规范	2015/4/13	山东省质量技术监督局	纳入
4	鲁政办字〔2019〕90号	山东省人民政府办公厅关于节约集约用地保障重大项目建设的意见	2019/5/24	山东省人民政府办公厅	纳入
5	鲁自然资字〔2019〕88号	山东省自然资源厅关于印发工业用地绩效调查评估工作方案的通知	2019/10/8	山东省自然资源厅	纳入
6	鲁政办字〔2019〕170号	山东省人民政府办公厅关于进一步加强批而未供和闲置土地处置工作的意见	2019/10/16	山东省人民政府办公厅	纳入
7	鲁政办字〔2020〕32号	山东省人民政府办公厅关于推进城镇低效用地再开发的意见	2020/3/18	山东省人民政府办公厅	纳入

编号	标准编号	标准名称	发布时间	发布部门	备注
8	鲁自然资发〔2020〕1号	印发关于推进开发区节约集约用地促进高质量发展的若干措施的通知	2020/4/24	山东省自然资源厅	纳入
9	DB 37/T 4303—2021	工业用地集约利用评价技术规范	2021/2/2	山东省市场监督管理局	纳入

表 I.3 闲置、低效用地开发与再开发地方标准（山东省外）

编号	标准编号	标准名称	发布时间	发布部门	备注
1	DB 3305/T 97—2019	美丽码头建设规范	2019/2/1	湖州市市场监督管理局	借鉴
2	DB 34/T 3779—2020	存量建设用地调查技术规范	2020/11/27	安徽省市场监督管理局	借鉴
3	DB 34/T 3778—2020	城镇低效用地再开发专项规划编制规程	2020/11/27	安徽省市场监督管理局	借鉴
4	DB 3501/T 002—2021	工业（产业）园区低效工业用地认定与处置指南	2021/10/28	福州市市场监督管理局	借鉴
5	DB 5111/T 15—2021	乐山市循环经济园区建设指南	2021/12/1	乐山市市场监督管理局	借鉴

表 I.4 闲置、低效用地开发与再开发行业标准

编号	标准编号	标准名称	发布时间	发布部门	备注
1	TD/T 1018—2008	建设用地节约集约利用评价规程	2008/11/8	国土资源部	借鉴

续表

编号	标准编号	标准名称	发布时间	发布部门	备注
2	TD/T 1030—2010	开发区土地集约利用评价数据库标准	2010/9/21	国土资源部	借鉴
3	TD/T 1029—2010	开发区土地集约利用评价规程	2010/9/21	国土资源部	借鉴
4	HJ 131—2021	规划环境影响评价技术导则 产业园区	2021/9/8	生态环境部	借鉴

四、交通运输用地整理标准分析

笔者目前收集到的与交通运输用地整理相关的标准有 35 项，其中国家标准 12 项、地方标准 17 项（山东省内 9 项，山东省外 8 项）、行业标准 6 项。

对比笔者收集到的相关标准，总体来看，山东省交通运输用地整理标准数量较多，但是内容较为单一，不够全面，主要是道路相关标准，如 2010 年 12 月山东省质量技术监督局发布的地标《高速公路建设节约用地设计规定》（DB 37/T 1721—2010）、2020 年 11 月山东省市场监督管理局发布的地标《旧路堤利用技术规范》（DB 37/T 4229—2020）等。而国家标准、省外标准和行业标准中，除了与道路有关的标准，还有涉及交通系统建设、技术以及施工的相关标准，如 2016 年 8 月国家质量监督检验检疫总局、国家标准化管理委员会发布的国标《快速公共汽车交通系统建设与运营管理规范》（GB/T 32985—2016），2018 年 3 月住房和城乡建设部发布的行标《市政工程施工安全检查标准》（CJJ/T 275—2018），2020 年 3 月国家市场监督管理总局、国家标准化管理委员会发布的国标

《城市轨道交通无砟轨道技术条件》（GB/T 38695—2020）等。这为山东省交通运输用地整理标准体系的建设提供了思路，因此，笔者建议山东省采取纳入、部分纳入和借鉴等方式出台相关标准，补充到山东省交通运输用地整理标准体系之中。交通运输用地整理建议构建标准见表 J.1、表 J.2、表 J.3、表 J.4。

表 J.1　交通运输用地整理国家标准

编号	标准编号	标准名称	发布时间	发布部门	备注
1	GB/T 21381—2008	交通管理地理信息实体标识编码规则 城市道路	2008/2/13	国家质量监督检验检疫总局、国家标准化管理委员会	纳入
2	GB/T 21379—2008	交通管理信息属性分类与编码 城市道路	2008/2/13	国家质量监督检验检疫总局、国家标准化管理委员会	纳入
3	GB/T 5845.3—2008	城市公共交通标志 第3部分：公共汽电车站牌和路牌	2008/12/23	国家质量监督检验检疫总局、国家标准化管理委员会	纳入
4	GB 5768.3—2009	道路交通标志和标线 第3部分：道路交通标线	2009/5/25	国家质量监督检验检疫总局、国家标准化管理委员会	纳入
5	GB 50688—2011	城市道路交通设施设计规范	2011/5/12	住房和城乡建设部	纳入
6	GB/T 32985—2016	快速公共汽车交通系统建设与运营管理规范	2016/8/29	国家质量监督检验检疫总局、国家标准化管理委员会	纳入

续表

编号	标准编号	标准名称	发布时间	发布部门	备注
7	GB/T 50299—2018	地下铁道工程施工质量验收标准	2018/7/10	住房和城乡建设部、国家市场监督管理总局	纳入
8	GB/T 51328—2018	城市综合交通体系规划标准	2018/9/11	住房和城乡建设部、国家市场监督管理总局	纳入
9	GB/T 36670—2018	城市道路交通组织设计规范	2018/10/10	国家质量监督检验检疫总局、国家标准化管理委员会	纳入
10	GB/T 38695—2020	城市轨道交通无砟轨道技术条件	2020/3/31	国家市场监督管理总局、国家标准化管理委员会	纳入
11	GB/T 38604.3—2020	公共信息导向系统 评价要求 第3部分：城市轨道交通车站	2020/3/31	国家市场监督管理总局、国家标准化管理委员会	纳入
12	GB 5768.2—2022	道路交通标志和标线 第2部分：道路交通标志	2022/3/15	国家市场监督管理总局、国家标准化管理委员会	纳入

表 J.2 交通运输用地整理地方标准（山东省内）

编号	标准编号	标准名称	发布时间	发布部门	备注
1	DB 37/T 1721—2010	高速公路建设节约用地设计规定	2010/12/30	山东省质量技术监督局	纳入
2	DB 37/T 1720—2010	黄河中下游流域粉质土路基与二灰土底基层施工技术指南	2010/12/30	山东省质量技术监督局	纳入

编号	标准编号	标准名称	发布时间	发布部门	备注
3	DB 3701/T 10—2020	城市道路工程 HSE 管理规范	2020/10/26	济南市市场监督管理局	纳入
4	DB 37/T 4229—2020	旧路堤利用技术规范	2020/11/26	山东省市场监督管理局	纳入
5	DB 3710/T 125—2020	威海市旅游公路设计规范	2020/12/18	威海市市场监督管理局	纳入
6	DB 3701/T 16—2020	公共汽（电）车中途站设计导则	2020/12/28	济南市市场监督管理局	纳入
7	DB 3710/T 122—2020	威海市城市道路人行道建设技术导则	2020/12/30	威海市市场监督管理局	纳入
8	DB 3710/T 120—2020	威海市城市道路综合整治技术导则	2020/12/30	威海市市场监督管理局	纳入
9	DB 37/T 4381—2021	高速公路服务区设计规范	2021/7/9	山东省市场监督管理局	纳入

表 J.3　交通运输用地整理地方标准（山东省外）

编号	标准编号	标准名称	发布时间	发布部门	备注
1	DB 11/T 595—2008	公共停车场工程建设规范	2008/11/14	北京市质量技术监督局	借鉴
2	DB 41/T 1287—2016	公路改（扩）建旧路路基路面技术状况检测与评价	2016/8/31	河南省质量技术监督局	借鉴
3	DB 4403/T 19—2019	绿道建设规范	2019/5/29	深圳市市场监督管理局	借鉴

续表

编号	标准编号	标准名称	发布时间	发布部门	备注
4	DB 3311/T 96—2019	大花园（国家公园）公路建设规范	2019/10/17	丽水市市场监督管理局	借鉴
5	DB 63/T 1808—2020	高速公路建设总体设计指南	2020/8/11	青海省市场监督管理局	借鉴
6	DB3210/T 1090—2021	城市公共交通场站建设规范	2021/7/20	扬州市市场监督管理局	借鉴
7	DB 32/T 4068—2021	城镇道路开挖、回填、恢复快速施工及验收规程	2021/8/3	江苏省市场监督管理局	借鉴
8	DB 11/T 837—2021	机械式停车场（库）工程建设规范	2021/9/24	北京市市场监督管理局	借鉴

表 J.4 交通运输用地整理行业标准

编号	标准编号	标准名称	发布时间	发布部门	备注
1	CJJ 1—2008	城镇道路工程施工与质量验收规范	2008/4/2	住房和城乡建设部	借鉴
2	JTG D40—2011	公路水泥混凝土路面设计规范	2011/9/19	交通运输部	借鉴
3	CJJ/T 275—2018	市政工程施工安全检查标准	2018/3/19	住房和城乡建设部	借鉴
4	交通运输部令2019年第12号	交通运输标准化管理办法	2019/5/13	交通运输部	借鉴
5	JTG/T 3610—2019	公路工程路基施工技术规范	2019/9/2	交通运输部	借鉴
6	JTG/T 3650—2020	公路桥涵施工技术规范	2020/6/18	交通运输部	借鉴

五、公共管理与公共服务用地整理标准分析

笔者目前收集到与公共管理与公共服务用地整理相关的标准有 108 项，其中国家标准 30 项、地方标准 74 项（山东省内 41 项，山东省外 33 项）、行业标准 4 项。

根据收集到的标准，笔者对比分析山东省在公共管理与公共服务用地整理的标准体系，总体来看，山东省的相关体系相对完善、内容比较全面、时间比较及时、涉及范围较广，陆续出台了绿地养护、公园服务、智慧园区、加油站、充电站、消防、医疗等方面相关标准，如 2009 年 2 月山东省质量技术监督局发布的地标《城市绿地养护服务规范》（DB 37/T 1174—2009）和《城市公园服务规范》（DB 37/T 1172—2009）、2015 年 4 月山东省质量技术监督局发布的地标《智慧园区建设与管理通用规范》（DB 37/T 2657—2015）、2019 年 1 月山东省市场监督管理局发布的《微型消防站建设标准》（DB 37/T 3486—2019）、2021 年 6 月山东省市场监督管理局发布的《协议定点医疗机构医疗保障服务规范》（DB 37/T 4379—2021）等，给其他省份以及行业的标准编制提供了参考。但是，对比国家标准、行业标准并参照其他省份的地方标准，山东省也有不完善、不全面之处，如 2021 年 3 月国家市场监督管理总局、国家标准化管理委员会发布的《北斗地基增强系统基准站建设和验收技术规范 第 1 部分：建设规范》（GB/T 39772.1—2021），山东省没有出台相应的地标。因此，笔者建议将有关新技术、绿色等相关标准加入山东省公共管理与公共服务用地整理标准体系中。对于现阶段山东省还未出台的相关标准，采用纳入和借鉴的方式，补充到山东省公共管理与公共服务用地整理标准体系之中，以丰富该标准体系。公共管理与公共服务用地整理建议构建标准见表 K.1、表 K.2、表 K.3、表 K.4。

表 K.1 公共管理与公共服务用地整理国家标准

编号	标准编号	标准名称	发布时间	发布部门	备注
1	GB 19197—2003	卡丁车场建设规范	2003/6/13	国家质量监督检验检疫总局	纳入
2	GB/T 19535.1—2004	城市绿地草坪建植与管理技术规程 第1部分：城市绿地草坪建植技术规程	2004/6/22	国家质量监督检验检疫总局、国家标准化管理委员会	纳入
3	GB/T 19535.2—2004	城市绿地草坪建植与管理技术规程 第2部分：城市绿地草坪管理技术规程	2004/6/22	国家质量监督检验检疫总局、国家标准化管理委员会	纳入
4	GB/T 26360—2010	旅游电子商务网站建设技术规范	2011/1/14	国家质量监督检验检疫总局、国家标准化管理委员会	纳入
5	GB/T 26362—2010	国家生态旅游示范区建设与运营规范	2011/1/14	国家质量监督检验检疫总局、国家标准化管理委员会	纳入
6	文公共发〔2013〕3号	文化部"十二五"时期公共文化服务体系建设实施纲要	2013/1/14	文化部	纳入
7	GB/T 30155—2013	智能变电站技术导则	2013/12/17	国家质量监督检验检疫总局、国家标准化管理委员会	纳入
8	GB/T 30285—2013	信息安全技术 灾难恢复中心建设与运维管理规范	2013/12/31	国家质量监督检验检疫总局、国家标准化管理委员会	纳入

续表

编号	标准编号	标准名称	发布时间	发布部门	备注
9	GB/T 31171—2014	城市公共休闲空间分类与要求	2014/9/3	国家质量监督检验检疫总局、国家标准化管理委员会	纳入
10	GB 50189—2015	公共建筑节能设计标准	2015/2/2	住房和城乡建设部、国家质量监督检验检疫总局	纳入
11	GB/T 31997—2015	风力发电场项目建设工程验收规程	2015/9/11	国家标准化管理委员会、国家质量监督检验检疫总局	纳入
12	GB/T 31710.1—2015	休闲露营地建设与服务规范 第1部分：导则	2015/10/13	国家质量监督检验检疫总局、国家标准化管理委员会	纳入
13	GB/T 31710.2—2015	休闲露营地建设与服务规范 第2部分：自驾车露营地	2015/6/2	国家标准化管理委员会、国家质量监督检验检疫总局	纳入
14	GB/T 31710.3—2015	休闲露营地建设与服务规范 第3部分：帐篷露营地	2015/10/13	国家质量监督检验检疫总局、国家标准化管理委员会	纳入
15	GB/T 31710.4—2015	休闲露营地建设与服务规范 第4部分：青少年营地	2015/10/13	国家质量监督检验检疫总局、国家标准化管理委员会	纳入
16	GB/T 33200—2016	社会治安综合治理 综治中心建设与管理规范	2016/9/30	国家质量监督检验检疫总局、国家标准化管理委员会	纳入
17	GB/T 33494—2017	建材家居市场建设及管理技术规范	2017/2/28	国家质量监督检验检疫总局、国家标准化管理委员会	纳入

编号	标准编号	标准名称	发布时间	发布部门	备注
18	GB/T 34290—2017	公共体育设施室外健身设施的配置与管理	2017/9/7	国家质量监督检验检疫总局	纳入
19	GB/T 35220—2017	地面基准辐射站建设指南	2017/12/29	国家质量监督检验检疫总局	纳入
20	GB/T 35947—2018	生态安全港 建设通则	2018/2/6	国家质量监督检验检疫总局	纳入
21	GB/T 35047—2018	公共安全 大规模疏散规划指南	2018/5/14	国家市场监督管理总局	纳入
22	GB/T 36732—2018	生态休闲养生（养老）基地建设和运营服务规范	2018/9/17	国家市场监督管理总局	纳入
23	GB 37300—2018	公共安全重点区域视频图像信息采集规范	2018/12/28	国家市场监督管理总局	纳入
24	GB/T 37228—2018	公共安全 应急管理 突发事件响应要求	2018/12/28	国家市场监督管理总局	纳入
25	GB 37488—2019	公共场所卫生指标及限值要求	2019/4/4	国家市场监督管理总局	纳入
26	GB 37487—2019	公共场所卫生管理规范	2019/4/4	国家市场监督管理总局	纳入
27	GB 37489.3—2019	公共场所设计卫生规范 第3部分：人工游泳场所	2019/4/4	国家市场监督管理总局	纳入
28	GB/T 37913—2019	公共体育设施 安全使用规范	2019/8/30	国家市场监督管理总局、国家标准化管理委员会	纳入

编号	标准编号	标准名称	发布时间	发布部门	备注
29	GB/T 39772.1—2021	北斗地基增强系统基准站建设和验收技术规范 第1部分：建设规范	2021/3/9	国家发布市场监督管理总局、国家标准化管理委员会	纳入
30	GB/T 28181—2022	公共安全视频监控联网系统信息传输、交换、控制技术要求	2022/12/30	国家市场监督管理总局、国家标准化管理委员会	纳入

表K.2 公共管理与公共服务用地整理地方标准（山东省内）

编号	标准编号	标准名称	发布时间	发布部门	备注
1	DB 37/T 939—2007	城市公共厕所保洁服务规范	2007/5/1	山东省质量技术监督局	纳入
2	DB 37/T 1174—2009	城市绿地养护服务规范	2009/2/6	山东省质量技术监督局	纳入
3	DB 37/T 1172—2009	城市公园服务规范	2009/2/6	山东省质量技术监督局	纳入
4	DB 37/T 1383—2009	消防控制室建设规范	2009/12/21	山东省质量技术监督局	纳入
5	DB 37/T 2657—2015	智慧园区建设与管理通用规范	2015/4/13	山东省质量技术监督局	纳入
6	鲁水规字〔2016〕2号	山东省水利厅关于印发《山东省河道管理范围内建设项目管理办法》的通知	2016/7/20	山东省水利厅	纳入

编号	标准编号	标准名称	发布时间	发布部门	备注
7	DB 37/T 2822—2016	生鲜乳收购站建设规范	2016/7/29	山东省质量技术监督局	纳入
8	鲁政发〔2017〕36号	山东省人民政府关于开展"绿满齐鲁·美丽山东"国土绿化行动的实施意见	2017/11/10	山东省人民政府	纳入
9	DB 37/T 3060—2017	休闲海钓钓场建设规范	2017/11/30	山东省市场监督管理局	纳入
10	DB 37/T 3083—2017	军用饮食供应站建设与运行规范	2017/12/29	山东省市场监督管理局	纳入
11	DB 37/T 593—2018	车用乙醇汽油加油站设计施工验收规范	2018/8/17	山东省市场监督管理局	纳入
12	DB 37/T 3384—2018	地震应急避难场所评定	2018/8/17	山东省市场监督管理局	纳入
13	DB 37/T 3387—2018	城市河道淤泥利用规范	2018/8/17	山东省市场监督管理局	纳入
14	—	权威解读:室外健身器材配建管理办法	2018/9/7	济南高新技术产业开发区管理委员会	纳入
15	DB 37/T 3418—2018	标准化池塘建设改造技术规范	2018/9/14	山东省市场监督管理局	纳入
16	DB 37/T 3485—2019	消防科普教育基地建设标准	2019/1/29	山东省市场监督管理局	纳入
17	DB 37/T 3486—2019	微型消防站建设标准	2019/1/29	山东省市场监督管理局	纳入

编号	标准编号	标准名称	发布时间	发布部门	备注
18	DB 37/T 3485—2019	消防科普教育基地建设标准	2019/1/29	山东省市场监督管理局	纳入
19	鲁政办字〔2019〕142号	山东省人民政府办公厅关于印发《山东省应急管理三年规划（2019—2021年）》的通知	2019/8/14	山东省人民政府办公厅	纳入
20	DB 37/T 3717—2019	电动汽车充电站验收规范	2019/11/18	山东省市场监督管理局	纳入
21	DB 3710/T 114—2020	威海市城市书房建设规范	2020/2/13	威海市市场监督管理局	纳入
22	DB 3710/T 116—2020	消费维权服务站建设运行规范	2020/6/12	威海市市场监督管理局	纳入
23	鲁绿化办〔2020〕7号	山东省绿化委员会办公室关于做好义务植树基地建设工作的通知	2020/8/3	山东省绿化委员会办公室	纳入
24	DB 37/T 3698.2—2020	放心消费示范单位创建指南 第2部分：商场	2020/8/20	山东省市场监督管理局	纳入
25	DB 37/T 3698.6—2020	放心消费示范单位创建指南 第6部分：农贸市场	2020/8/20	山东省市场监督管理局	纳入
26	DB 37/T 4199—2020	中小学校食堂建设与设备配置规范	2020/11/10	山东省市场监督管理局	纳入
27	DB 37/T 4214—2020	省级行政事业单位房地产处置管理规范	2020/11/26	山东省市场监督管理局	纳入

续表

编号	标准编号	标准名称	发布时间	发布部门	备注
28	DB 37/T 4242—2020	水利工程建设项目代建实施规程	2020/12/4	山东省市场监督管理局	纳入
29	DB 3713/T 203—2020	商贸物流园区建设指南	2020/12/30	临沂市市场监督管理局	纳入
30	DB 37/T 4301—2020	商业步行街改造提升规范	2020/12/30	山东省市场监督管理局	纳入
31	DB 37/T 4348—2021	"一湖一策"方案编制规程	2021/3/11	山东省市场监督管理局	纳入
32	DB 37/T 4347—2021	"一河一策"方案编制规程	2021/3/11	山东省市场监督管理局	纳入
33	DB 3708/T 5—2021	城市河道保洁服务规范	2021/6/7	济宁市市场监督管理局	纳入
34	DB 37/T 4379—2021	协议定点医疗机构医疗保障服务规范	2021/6/15	山东省市场监督管理局	纳入
35	DB 37/T 4371—2021	水利工程质量检测管理规范	2021/6/15	山东省市场监督管理局	纳入
36	DB 37/T 4404—2021	水库工程运行规范	2021/10/18	山东省市场监督管理局	纳入
37	DB 37/T 1342—2021	平原水库工程设计规范	2021/10/18	山东省市场监督管理局	纳入
38	DB 37/T 4398—2021	街道综合养老服务机构建设与运行规范	2021/10/18	山东省市场监督管理局	纳入
39	鲁自然资字〔2021〕204号	山东省自然资源厅关于加强森林公园管理工作的实施意见	2021/12/27	山东省自然资源厅	纳入

编号	标准编号	标准名称	发布时间	发布部门	备注
40	DB 3713/T 249—2021	电子商务园区（基地）服务规范	2021/12/30	临沂市市场监督管理局	纳入
41	DB 3701/T 29—2022	智慧中药房建设与运行规范	2022/1/5	济南市市场监督管理局	纳入

表 K.3 公共管理与公共服务用地整理地方标准（山东省外）

编号	标准编号	标准名称	发布时间	发布部门	备注
1	DB 53/T 372—2012	高黎贡山国家公园生态旅游景区建设及管理规范	2012/2/15	云南省质量技术监督局	借鉴
2	DB 32/T 2673—2014	文化广场创建与评价规范	2014/3/30	江苏省质量技术监督局	借鉴
3	DB 21/T 2354—2014	风力发电场生态保护及恢复技术规范	2014/7/29	辽宁省质量技术监督局	借鉴
4	DB 31/T 800—2014	城镇供水管网模型建设技术导则	2014/8/22	上海市质量技术监督局	借鉴
5	DB 12/T 598.12—2015	天津市建设项目用地控制指标 第 12 部分：水利设施项目	2015/9/18	天津市质量技术监督局	借鉴
6	DB 12/T 598.16—2015	天津市建设项目用地控制指标 第 16 部分：特殊用地项目	2015/9/18	天津市质量技术监督局	借鉴
7	DB 11/T 387.1—2016	水利工程施工质量评定 第 1 部分：河道整治	2016/12/22	北京市质量技术监督局	借鉴

续表

编号	标准编号	标准名称	发布时间	发布部门	备注
8	DB 35/T 1663—2017	电子商务基地（园区）建设与运营规范	2017/5/5	福建省质量技术监督局	借鉴
9	DB 11/T 1596—2018	公园绿地改造技术规范	2018/12/17	北京市市场监督管理局	借鉴
10	DB 3301/T 0282—2019	跨境电子商务宠物产业园区建设与运营规范	2019/5/25	杭州市市场监督管理局	借鉴
11	DB 43/T 1638—2019	城郊森林公园建设规范	2019/6/5	湖南省市场监督管理局	借鉴
12	DB 65/T 4253—2019	森林公园文化陈列馆建设与服务规范	2019/11/1	新疆维吾尔自治区市场监督管理局	借鉴
13	DB 3305/T 114.2—2019	污水零直排区建设与管理规范 第2部分：工业园区	2019/11/1	湖州市市场监督管理局	借鉴
14	DB 36/T 1161—2019	物流园区建设指南	2019/11/5	江西省市场监督管理局	借鉴
15	DB 46/T 80—2019	海南省农贸市场建设与管理规范	2019/12/18	海南省市场监督管理局	借鉴
16	DB 36/T 1220—2019	生态体育公园建设规范	2019/12/27	江西省市场监督管理局	借鉴
17	DB 23/T 2633—2020	电子商务园区建设与运营服务规范	2020/6/8	黑龙江省市场监督管理局	借鉴
18	DB 52/T 1401.14—2020	山地旅游 第14部分：景区停车场建设和管理规范	2020/9/17	贵州省市场监督管理局	借鉴
19	DB 4403/T 85—2020	城市供水厂工程技术规程	2020/9/27	深圳市市场监督管理局	借鉴

编号	标准编号	标准名称	发布时间	发布部门	备注
20	DB 41/T 1994—2020	电子商务物流园区（基地）建设与经营服务规范	2020/10/23	河南省市场监督管理局	借鉴
21	DB 4105/T 152—2020	绿地建设技术规程	2020/11/10	安阳市市场监督管理局	借鉴
22	DB 4403/T 130—2020	农贸市场升级改造建设与管理规范	2020/12/16	深圳市市场监督管理局	借鉴
23	DB 12/T 1001—2020	标准化菜市场建设与管理规范	2020/12/17	天津市市场监督管理委员会	借鉴
24	DB 61/T 1418—2021	河湖和水利工程管理范围及保护范围划界技术规范	2021/1/19	陕西省市场监督管理局	借鉴
25	DB 12/T 1031—2021	应急避难场所建设要求	2021/1/21	天津市市场监督管理委员会	借鉴
26	DB 13/T 5354—2021	中小型线状水利工程地质勘察规范	2021/1/21	河北省市场监督管理局	借鉴
27	DB 32/T 4020—2021	绿色城区规划建设标准	2021/3/12	江苏省市场监督管理局	借鉴
28	DB 32/T 4037—2021	农贸市场建设和管理规范	2021/5/14	江苏省市场监督管理局	借鉴
29	DB 33/T 2158—2021	避灾安置场所建设与管理规范	2021/6/15	浙江省市场监督管理局	借鉴
30	DB 5201/T 117—2021	标准化农贸市场建设和管理规范	2021/11/4	贵阳市市场监督管理局	借鉴
31	DB 4403/T 205—2021	城市供水厂运行管理技术规程	2021/12/13	深圳市市场监督管理局	借鉴

编号	标准编号	标准名称	发布时间	发布部门	备注
32	DB 5329/T 78.1—2021	洱海流域餐厨垃圾综合利用 第 1 部分 厌氧发酵处置厂建设及管理	2021/12/14	大理白族自治州市场监督管理局	借鉴
33	DB 3301/T 0256—2024	城市生态河道建设管理规范	2024/4/30	杭州市质量技术监督局	借鉴

表 K.4　公共管理与公共服务用地整理行业标准

编号	标准编号	标准名称	发布时间	发布部门	备注
1	CJJ 14—2016	城市公共厕所设计标准	2016/9/5	住房和城乡建设部	借鉴
2	LY/T 2746—2016	果岭式绿地草坪建植与养护技术规程	2016/10/19	国家林业局	借鉴
3	SB/T 11198—2017	商贸物流园区建设与运营服务规范	2017/8/21	商务部	借鉴
4	SL/T 808—2021	河道管理范围内建设项目防洪评价报告编制导则	2021/8/6	水利部	借鉴

第三节　农用地整理标准分析

一、设施农用地整理标准分析

笔者目前收集到的与设施农用地整理相关的标准有 32 项，其中国家标准 15 项、地方标准 13 项（山东省内 7 项，山东省外 6 项）、行业标准4项。

对此笔者收集到的相关标准可以看出，山东省出台的关于设施农用地整理的地方标准主要涉及渔业、农田灌溉，如2011年1月山东省质量技术监督局发布的地标《现代渔业示范基地 第1部分：淡水池塘养殖》（DB 37/T 1790—2011）、2019年1月山东省市场监督管理局发布的地标《现代农田灌溉与排水技术标准》（DB 37/T 3488—2019）等，而涉及其他内容较少。因此，笔者建议将国家标准、省外标准及行业标准中，山东省还未编制的相关标准，如2012年12月住房和城乡建设部、国家质量监督检验检疫总局发布的国标《农田防护林工程设计规范》（GB/T 50817—2013），2020年11月国家市场监督管理总局、国家标准化管理委员会公布的国标《银耳栽培基地建设规范》（GB/T 39357—2020）等内容，采用纳入和借鉴的方式，补充进山东省设施农用地整理标准体系。设施农用地整理建议构建标准见表L.1、表L.2、表L.3、表L.4。

表 L.1　设施农用地整理国家标准

编号	标准编号	标准名称	发布时间	发布部门	备注
1	GB/T 50085—2007	喷灌工程技术规范	2007/4/6	建设部、国家质量监督检疫总局	纳入
2	GB/T 50625—2010	机井技术规范	2011/6/1	住房和城乡建设部、国家质量监督检验检疫总局	纳入
3	GB 50054—2011	低压配电设计规范	2011/7/26	住房和城乡建设部	纳入
4	GB/T 50817—2013	农田防护林工程设计规范	2012/12/25	住房和城乡建设部、国家质量监督检验检疫总局	纳入

编号	标准编号	标准名称	发布时间	发布部门	备注
5	GB/T 20014.13—2013	良好农业规范 第 13 部分：水产养殖基础控制点与符合性规范	2013/12/31	国家质量监督检验检疫总局、国家标准化管理委员会	纳入
6	GB/T 20014.15—2013	良好农业规范 第 15 部分：水产工厂化养殖基础控制点与符合性规范	2013/12/31	国家质量监督检验检疫总局、国家标准化管理委员会	纳入
7	GB/T 30949—2014	节水灌溉项目后评价规范	2014/7/8	国家质量监督检验检疫总局、国家标准化管理委员会	纳入
8	GB/T 20203—2017	管道输水灌溉工程技术规范	2017/11/1	国家质量监督检验检疫总局、国家标准化管理委员会	纳入
9	国土资规〔2017〕12 号	关于深入推进农业供给侧结构性改革做好农村产业融合发展用地保障的通知	2017/12/7	国土资源部、国家发展改革委	纳入
10	GB 50288—2018	灌溉与排水工程设计标准	2018/3/16	住房和城乡建设部、国家质量监督检验检疫总局	纳入
11	GB/T 50363—2018	节水灌溉工程技术标准	2018/3/16	住房和城乡建设部、国家质量监督检验检疫总局	纳入
12	GB/T 36210—2018	农业良种繁育与推广 种植业良种繁育基地建设及评价指南	2018/5/14	国家市场监督管理总局、国家标准化管理委员会	纳入

编号	标准编号	标准名称	发布时间	发布部门	备注
13	自然资规〔2019〕4 号	关于设施农用地管理有关问题的通知	2019/12/17	自然资源部、农业农村部	纳入
14	GB/T 39357—2020	银耳栽培基地建设规范	2020/11/19	国家市场监督管理总局、国家标准化管理委员会	纳入
15	GB 50265—2022	泵站设计标准	2022/7/15	住房和城乡建设部、国家市场监督管理总局	纳入

表 L.2　设施农用地整理地方标准（山东省内）

编号	标准编号	标准名称	发布时间	发布部门	备注
1	DB 37/T 1790—2011	现代渔业示范基地 第1部分：淡水池塘养殖	2011/1/6	山东省质量技术监督局	纳入
2	DB 37/T 1789—2011	渔业增殖站设置要求	2011/1/6	山东省质量技术监督局	纳入
3	DB 37/T 2101—2012	现代渔业示范基地 第2部分 海水池塘养殖	2012/3/21	山东省质量技术监督局	纳入
4	鲁国土资字〔2018〕274 号	关于印发山东省设施农业项目用地清理整治专项行动方案的通知	2018/8/28	山东省国土资源厅、山东省农业厅	纳入
5	DB 37/T 3488—2019	现代农田灌溉与排水技术标准	2019/1/29	山东省市场监督管理局	纳入
6	鲁自然资规〔2020〕1 号	关于印发《山东省设施农业用地管理办法》的通知	2020/5/6	山东省自然资源厅、山东省农业农村厅、山东省畜牧兽医局	纳入
7	DB 37/T 4368—2021	农田节水灌溉技术规范	2021/6/15	山东省市场监督管理局	纳入

表 L.3 设施农用地整理地方标准（山东省外）

编号	标准编号	标准名称	发布时间	发布部门	备注
1	皋政办发〔2019〕69 号	如皋市人民政府办公室关于进一步规范设施农用地管理的通知	2019/4/30	如皋市人民政府办公室	借鉴
2	DB 3213/T 1013—2019	蔬菜基地建设管理规范	2019/8/30	宿迁市市场监督管理局	借鉴
3	DB 63/T 1791—2020	黑果枸杞有机栽培基地建设技术规程	2020/8/11	青海省市场监督管理局	借鉴
4	DB 5206/T 118—2020	油茶基地建设规程	2020/9/30	铜仁市市场监督管理局	借鉴
5	DB 52/T 1574—2021	马铃薯商品薯生产基地建设规范	2021/3/23	贵州省市场监督管理局	借鉴
6	DB 52/T 1573—2021	马铃薯脱毒种薯露地繁育基地建设规范	2021/3/23	贵州省市场监督管理局	借鉴

表 L.4 设施农用地整理行业标准

编号	标准编号	标准名称	发布时间	发布部门	备注
1	SL 482—2011	灌溉与排水渠系建筑物设计规范	2011/3/8	水利部	借鉴
2	SL 540—2011	光伏提水工程技术规范	2011/12/22	水利部	借鉴
3	SL 584—2012	潜水泵站技术规范	2012/8/6	水利部	借鉴
4	SL 265—2016	水闸设计规范	2016/11/30	水利部	借鉴

二、耕地整理标准分析

笔者目前收集到的与耕地整理相关的标准有 83 项，其中国家标准 10 项、地方标准 57 项（山东省内 25 项，山东省外 32 项)、行业标准 16 项。

根据收集的相关标准，笔者对比分析山东省出台的关于耕地整理的标准体系，总体来看，山东省的相关标准体系相对完善、内容比较全面、时间比较及时，如山东省质量技术监督局 2012 年 3 月发布的地标《高标准农田林网建设技术规程》（DB 37/T 2066—2012）、2013 年 4 月发布的地标《高标准农田质量标准》（DB 37/T 2323—2013）、2017 年 8 月山东省市场监督管理局发布的地标《稻田杂草综合治理技术规程》（DB 37/T 2992—2017）、2021 年 6 月山东省市场监督管理局发布的地标《农田节水灌溉技术规范》（DB 37/T 4368—2021）等。但是对比国家标准、行业标准并参照其他省份的地方标准，山东省的相关标准体系也有不完善、不全面的地方，如在耕地质量方面的标准较少。因此，笔者建议山东省采取纳入、部分纳入和借鉴三种方式，将其补充到山东省耕地整理标准体系之中。耕地整理建议构建标准见表 M.1、表 M.2、表 M.3、表 M.4。

表 M.1　耕地整理国家标准

编号	标准编号	标准名称	发布时间	发布部门	备注
1	GB/T 16453. 1—2008	水土保持综合治理 技术规范 坡耕地治理技术	2008/11/14	国家质量监督检验检疫总局、国家标准化管理委员会	纳入
2	GB/T 28407—2012	农用地质量分等规程	2012/6/29	国家质量监督检验检疫总局、国家标准化管理委员会	纳入

续表

编号	标准编号	标准名称	发布时间	发布部门	备注
3	GB/T 28405—2012	农用地定级规程	2012/6/29	国家质量监督检验检疫总局、国家标准化管理委员会	纳入
4	GB/T 33130—2016	高标准农田建设评价规范	2016/10/13	国家质量监督检验检疫总局、国家标准化管理委员会	纳入
5	GB/T 33469—2016	耕地质量等级	2016/12/30	国家质量监督检验检疫总局、国家标准化管理委员会	纳入
6	GB/T 34802—2017	农业社会化服务 土地托管服务规范	2017/11/1	国家质量监督检验检疫总局、国家标准化管理委员会	纳入
7	GB/T 35958—2018	农村土地承包经营权要素编码规则	2018/2/6	国家质量监督检验检疫总局、国家标准化管理委员会	纳入
8	GB/T 38746—2020	农村产权流转交易 土地经营权流转交易服务规范	2020/4/28	国家市场监督管理总局、国家标准化管理委员会	纳入
9	国函〔2021〕86号	国务院关于全国高标准农田建设规划（2021—2030年）的批复	2021/9/16	国务院	纳入
10	GB/T 30600—2022	高标准农田建设 通则	2022/3/9	国家市场监督管理总局、国家标准化管理委员会	纳入

表 M.2 耕地整理地方标准（山东省内）

编号	标准编号	标准名称	发布时间	发布部门	备注
1	DB 37/T 2066—2012	高标准农田林网建设技术规程	2012/3/8	山东省质量技术监督局	纳入
2	鲁农土肥字〔2012〕9号	山东省补充耕地质量验收评定办法（试行）	2012/12/12	山东省农业厅、国土资源厅	纳入
3	DB 37/T 2323—2013	高标准农田质量标准	2013/4/1	山东省质量技术监督局	纳入
4	鲁农生态字〔2015〕15号	耕地质量提升技术模式	2015/10/14	山东省农业厅	纳入
5	DB 37/T 2992—2017	稻田杂草综合治理技术规程	2017/8/18	山东省质量技术监督局	纳入
6	鲁发〔2018〕6号	中共山东省委　山东省人民政府关于加强耕地保护和改进占补平衡的实施意见	2018/1/23	中共山东省委、山东省人民政府	纳入
7	—	山东省建设占用耕地表土剥离与再利用技术规范（试行）	2018/7/1	山东省国土资源厅	纳入
8	DB 37/T 3488—2019	现代农田灌溉与排水技术标准	2019/1/29	山东省市场监督管理局	纳入
9	鲁农建字〔2019〕4号	山东省高标准农田建设评价激励实施办法（试行）	2019/6/4	山东省农业农村厅	纳入
10	鲁自然资规〔2019〕5号	关于规范和改进耕地占补平衡管理工作的通知	2019/9/30	山东省自然资源厅、山东省财政厅	纳入

续表

编号	标准编号	标准名称	发布时间	发布部门	备注
11	鲁农法字〔2019〕17 号	山东省农田建设项目管理办法	2019/12/27	山东省农业农村厅	纳入
12	鲁农建字〔2020〕11 号	关于进一步加强高标准农田建设工程质量管理工作的通知	2020/4/2	山东省农业农村厅	纳入
13	鲁农建字〔2020〕14 号	山东省农田建设项目竣工验收办法	2020/4/9	山东省农业农村厅	纳入
14	鲁农计财字〔2020〕17 号	关于印发《2020 年耕地轮作休耕制度试点实施方案》的通知	2020/5/9	山东省农业农村厅、山东省财政厅	纳入
15	鲁政办发〔2020〕12 号	山东省人民政府办公厅关于切实加强高标准农田建设提升国家粮食安全保障能力的实施意见	2020/6/4	山东省人民政府办公厅	纳入
16	DB 37/T 4176—2020	农田地膜残留监测与评价技术规范	2020/9/30	山东省市场监督管理局	纳入
17	DB 37/T 4368—2021	农田节水灌溉技术规范	2021/6/15	山东省市场监督管理局	纳入
18	鲁农计财字〔2021〕23 号	关于开展高标准农田建设工程质量保险试点的通知	2021/9/13	山东省农业农村厅、山东省财政厅、山东银保监局	纳入
19	鲁自然资规〔2021〕5 号	山东省耕地保护激励办法	2021/10/16	山东省自然资源厅、山东省财政厅	纳入

续表

编号	标准编号	标准名称	发布时间	发布部门	备注
20	鲁农技土肥字〔2021〕7 号	关于做好 2021 年耕地质量监测点数据采集报送的通知	2021/10/18	山东省农业农村厅	纳入
21	鲁水规字〔2021〕10 号	山东省水利厅关于印发《山东省水土保持技术服务评价管理办法（试行）》的通知	2021/12/15	山东省水利厅	纳入
22	鲁农法字〔2021〕13 号	山东省农业综合行政执法服务种子和耕地两个要害实施方案	2021/8/9	山东省农业农村厅	纳入
23	鲁农建字〔2021〕12 号	关于开展对高标准农田建设项目质量大检查工作的通知	2021/4/27	山东省农业农村厅	纳入
24	鲁农建字〔2021〕23 号	山东省高标准农田建设项目工程运行管护办法（试行）	2021/8/24	山东省农业农村厅	纳入
25	鲁农建字〔2021〕38 号	关于进一步加强高标准农田建设切实提升良种繁育基地基础设施质量的通知	2021/12/8	山东省农业农村厅	纳入

表 M.3 耕地整理地方标准（山东省外）

编号	标准编号	标准名称	发布时间	发布部门	备注
1	DB 15/T 402—2005	渐成式等高梯田技术规程	2005/9/15	内蒙古自治区质量技术监督局	借鉴
2	DB 51/T 1196—2011	坡改梯工程建设技术规程	2011/1/25	四川省质量技术监督局	借鉴

编号	标准编号	标准名称	发布时间	发布部门	备注
3	DB 32/T 1970—2011	农业综合开发高标准农田建设规范	2011/12/31	江苏省质量技术监督局	借鉴
4	DB 22/T 1628—2012	旱作农田合理耕层创建技术规范	2012/12/1	吉林省质量技术监督局	借鉴
5	DB 42/T 873—2012	长江中游坡耕地水保型经济林营造技术规程	2012/12/13	湖北省质量技术监督局	借鉴
6	DB 43/T 876.1—2014	高标准农田建设 总则	2014/4/30	湖南省质量技术监督局	借鉴
7	DB 13/T 2019—2014	坡改梯工程建设技术规范	2014/6/5	河北省质量技术监督局	借鉴
8	DB 43/T 876.9—2015	高标准农田建设 第9部分：建后管护	2015/11/20	湖南省质量技术监督局	借鉴
9	DB 61/T 991.6—2015	土地整治高标准农田建设 第6部分：农田防护与生态环境保护	2015/11/24	陕西省质量技术监督局	借鉴
10	DB 61/T 991.1—2015	土地整治高标准农田建设 第1部分：规划与建设	2015/11/24	陕西省质量技术监督局	借鉴
11	DB 61/T 991.2—2015	土地整治高标准农田建设 第2部分：土地平整	2015/11/24	陕西省质量技术监督局	借鉴
12	DB 13/T 2275—2015	片麻岩山地修造梯田式耕地技术规程	2015/12/25	河北省质量技术监督局	借鉴
13	DB 50/T 761—2017	高标准农田建设规范	2017/8/1	重庆市质量技术监督局	借鉴
14	DB 35/T 1762—2018	耕作层土壤剥离再利用项目设计规范	2018/4/3	福建省质量技术监督局	借鉴

编号	标准编号	标准名称	发布时间	发布部门	备注
15	DB 50/T 915—2019	丘陵山区坡改梯宜机化土地整治技术规范	2019/4/15	重庆市市场监督管理局	借鉴
16	DB 35/T 1836—2019	耕地地力提升与保持技术规范	2019/4/18	福建省市场监督管理局	借鉴
17	DB 15/T 1782—2019	半干旱偏旱区侵蚀耕地固土减蚀与稳产栽培技术规程	2019/12/20	内蒙古自治区市场监督管理局	借鉴
18	DB 3210/T 1036—2019	补充耕地快速培肥技术规程	2019/12/28	扬州市市场监督管理局	借鉴
19	DB 32/T 3722—2020	高标准农田建设项目可行性研究报告编制规程	2020/1/6	江苏省市场监督管理局	借鉴
20	DB 50/T 995—2020	新增耕地质量评定技术规范	2020/4/10	重庆市市场监督管理局	借鉴
21	DB 5206/T 114—2020	垦造水田及旱地改造为水田工程建设规范	2020/6/19	铜仁市市场监督管理局	借鉴
22	DB 2308/T 071—2020	三江平原水田土壤合理耕层构建技术规程	2020/9/27	佳木斯市市场监督管理局	借鉴
23	DB 34/T 3730—2020	耕地损毁程度鉴定技术规范	2020/11/27	安徽省市场监督管理局	借鉴
24	DB 51/T 2723—2020	四川省耕地质量等级评价技术规范	2020/12/17	四川省市场监督管理局	借鉴
25	DB 35/T 1940—2020	旱地改造水田技术规范	2020/12/30	福建省市场监督管理局	借鉴
26	DB 23/T 2913—2021	建设占用耕地耕作层土壤剥离利用技术规范	2021/6/4	黑龙江省市场监督管理局	借鉴

续表

编号	标准编号	标准名称	发布时间	发布部门	备注
27	DB 52/T 1604—2021	黄壤耕地综合培肥技术规程	2021/6/24	贵州省市场监督管理局	借鉴
28	DB 5101/T 127—2021	成都平坝区水稻土综合整治耕地质量控制与评价	2021/6/25	成都市市场监督管理局	借鉴
29	DB 13/T 5406—2021	耕地地力主要指标分级诊断	2021/7/28	河北省市场监督管理局	借鉴
30	DB 1301/T 385—2021	小麦撂荒耕地遥感监测技术规程	2021/7/30	石家庄市市场监督管理局	借鉴
31	DB 14/T 2302—2021	丘陵山区农田宜机化改造技术规范	2021/8/16	山西省市场监督管理局	借鉴
32	DB21/T 3498—2021	黑土地厚沃耕层培育技术规程	2021/9/30	辽宁省市场监督管理局	借鉴

表 M.4　耕地整理行业标准

编号	标准编号	标准名称	发布时间	发布部门	备注
1	TD/T 1007—2003	耕地后备资源调查与评价技术规程	2003/4/8	国土资源部	借鉴
2	NY/T 1120—2006	耕地质量验收技术规范	2006/7/10	农业部	借鉴
3	NY/T 1634—2008	耕地地力调查与质量评价技术规程	2008/5/16	农业部	借鉴
4	NY/T 1749—2009	南方地区耕地土壤肥力诊断与评价	2009/4/23	农业部	借鉴
5	TD/T 1033—2012	高标准基本农田建设标准	2012/6/20	国土资源部	借鉴

编号	标准编号	标准名称	发布时间	发布部门	备注
6	SL 665—2014	北方土石山区水土流失综合治理技术标准	2014/3/19	水利部	借鉴
7	NY/T 2626—2014	补充耕地质量评定技术规范	2014/10/17	农业部	借鉴
8	TD/T 1048—2016	耕作层土壤剥离利用技术规范	2016/7/12	国土资源部	借鉴
9	NY/T 2949—2016	高标准农田建设技术规范	2016/10/26	农业农村部	借鉴
10	TD/T 1053—2017	农用地质量分等数据库标准	2017/12/25	国土资源部	借鉴
11	NY/T 1119—2019	耕地质量监测技术规程	2019/8/1	农业农村部	借鉴
12	农业农村部令2019年第4号	农田建设项目管理办法	2019/8/27	农业农村部	借鉴
13	NY/T 3528—2019	耕地土壤墒情遥感监测规范	2019/12/27	农业农村部	借鉴
14	农建发〔2021〕1号	高标准农田建设质量管理办法（试行）	2021/3/13	农业农村部	借鉴
15	农建发〔2021〕5号	高标准农田建设项目竣工验收办法	2021/9/3	农业农村部	借鉴
16	财农〔2022〕5号	农田建设补助资金管理办法	2022/1/12	财政部、农业农村部	借鉴

三、家庭农场建设标准分析

目前笔者收集到的与家庭农场建设相关的标准有 25 项，其中国家标准6项、地方标准17项（山东省内10项，山东省外7项）、行业标准2项。

根据收集的相关标准，笔者对比分析山东省出台的关于家庭农场建设的标准体系，总体来看，山东省相关的标准体系相对完善、内容比较全面、时间比较及时，如2018年10月山东省市场监督管理局发布的《家庭农场建设指南 综合类》（DB 37/T 3430—2018）、2020年3月山东省农业农村厅发布的《关于开展家庭农场培育行动的实施意见》（鲁农委办发〔2020〕24号）等。但是，山东省出台的相关标准也有不全面的地方，因此建议采用纳入、部分纳入及借鉴三种方式补充山东省家庭农场建设标准体系，如2018年11月江苏省质量技术监督局发布的地标《蚕业家庭农场建设规范》（DB 32/T 3481—2018）、2020年7月农业农村部发布的行标《生态农场评价技术规范》（NY/T 3667—2020）、2021年9月内蒙古自治区市场监督管理局发布的地标《奶牛场建设规范》（DB 15/T 2346—2021）等，山东省可以采用借鉴方式编制本省各类农场建设标准，以补充本省家庭农场建设标准体系。家庭农场建设建议构建标准见表N.1、表N.2、表N.3、表N.4。

表N.1 家庭农场建设国家标准

编号	标准编号	标准名称	发布时间	发布部门	备注
1	GB/T 17824.1—2008	规模猪场建设	2008/7/31	国家质量监督检验检疫总局、国家标准化管理委员会	纳入
2	GB/T 20014.2—2013	良好农业规范 第2部分：农场基础控制点与符合性规范	2013/12/31	国家质量监督检验检疫总局、国家标准化管理委员会	纳入
3	GB/T 34754—2017	家庭牧场草地放牧强度分级	2017/11/1	国家质量监督检验检疫总局、国家标准化管理委员会	纳入

编号	标准编号	标准名称	发布时间	发布部门	备注
4	GB/T 40198—2021	家庭农场建设指南	2021/5/21	国家市场监督管理总局、国家标准化管理委员会	纳入
5	GB/T 40491—2021	农民专业合作社建设指南	2021/8/20	国家市场监督管理总局、国家标准化管理委员会	纳入
6	GB/T 40946—2021	海洋牧场建设技术指南	2021/11/26	国家市场监督管理总局、国家标准化管理委员会	

表 N.2　家庭农场建设地方标准（山东省内）

编号	标准编号	标准名称	发布时间	发布部门	备注
1	山东省人民政府令第 232 号	山东省畜禽养殖管理办法	2011/2/26	山东省人民政府	纳入
2	DB 37/T 2982.2—2017	海洋牧场建设规范 第2部分：调查与选址	2017/8/18	山东省市场监督管理局	纳入
3	DB 37/T 2982.1—2017	海洋牧场建设规范 第1部分：术语和分类	2017/8/18	山东省市场监督管理局	纳入
4	DB 37/T 3430—2018	家庭农场建设指南 综合类	2018/10/18	山东省市场监督管理局	纳入
5	DB 37/T 3429—2018	家庭农场建设指南 养殖类	2018/10/18	山东省市场监督管理局	纳入
6	DB 37/T 3428—2018	家庭农场建设指南 种植类	2018/10/18	山东省市场监督管理局	纳入

续表

编号	标准编号	标准名称	发布时间	发布部门	备注
7	DB 37/T 3538—2019	钢质可移动式海洋牧场平台建造技术规范	2019/4/2	山东省市场监督管理局	纳入
8	DB 3710/T 100—2020	丘陵地区现代苹果园土地整理技术规范	2020/1/2	威海市市场监督管理局	纳入
9	鲁农委办发〔2020〕24号	关于开展家庭农场培育行动的实施意见	2020/3/31	山东省农业农村厅	纳入
10	DB 37/T 047—2020	苹果园地整理与土壤管理	2020/9/30	山东省市场监督管理局	纳入

表 N.3 家庭农场建设地方标准（山东省外）

编号	标准编号	标准名称	发布时间	发布部门	备注
1	DB 35/T 1785—2018	农村土地承包经营权信托管理与服务规范	2018/9/11	福建省质量技术监督局	借鉴
2	DB 32/T 3481—2018	蚕业家庭农场建设规范	2018/11/9	江苏省质量技术监督局	借鉴
3	DB 61/T 1268—2019	家庭农场建设与生产运营规范 种植类	2019/10/29	陕西省市场监督管理局	借鉴
4	DB 15/T 2346—2021	奶牛场建设规范	2021/9/8	内蒙古自治区市场监督管理局	借鉴
5	DB 50/T 1144—2021	山羊家庭农场建设技术规范	2021/11/1	重庆市市场监督管理局	借鉴
6	DB 50/T 1150—2021	肉牛家庭农场建设技术规范	2021/11/1	重庆市市场监督管理局	借鉴
7	DB 36/T 1491—2021	江西绿色生态 家庭农场	2021/12/14	江西省市场监督管理局	借鉴

表 N.4　家庭农场建设行业标准

编号	标准编号	标准名称	发布时间	发布部门	备注
1	NY/T 1569—2007	畜禽养殖场质量管理体系建设通则	2007/12/18	农业部	借鉴
2	NY/T 3667—2020	生态农场评价技术规范	2020/7/27	农业农村部	借鉴

四、永久基本农田建设标准分析

笔者目前收集到的与永久基本农田建设相关的标准有 17 项，其中国家标准 0 项、地方标准 5 项（山东省内 5 项，山东省外 0 项）、行业标准12 项。

对比收集到的相关标准可以看到，山东省出台关于永久基本农田建设的地方标准主要是农田建设相关标准，如 2019 年 9 月山东省自然资源厅、山东省农业农村厅发布的《山东省永久基本农田核实、储备区划定及整改补划实施方案》（鲁自然资字〔2019〕48 号）、2020 年 4 月山东省农业农村厅发布的《山东省农田建设项目竣工验收办法》等，与永久基本农田建设相关的标准较少，而笔者所收集到的国家标准、省外标准和行业标准涉及永久基本农田建设的较多，可以为山东省编制永久基本农田建设的标准提供很好的借鉴，如 2007 年 4 月农业部发布的《基本农田环境质量保护技术规范》（NY/T 1259—2007），2018 年 3 月国土资源部发布的行标《关于全面实行永久基本农田特殊保护的通知》（国土资规〔2018〕1 号），2019 年 1 月自然资源部、农业农村部发布的国标《自然资源部 农业农村部关于加强和改进永久基本农田保护工作的通知》（自然资规〔2019〕1 号）等。因此，笔者建议将行业标准中与保护永久基本农田相关的标准纳入山东省永久基本农田建设体系中，借鉴省外和行

业标准，编制山东省的永久基本农田保护标准，以期扩充永久基本农田
建设标准体系。永久基本农田建设建议构建标准见表 O.1、表 O.2。

表 O.1 永久基本农田建设地方标准（山东省内）

编号	标准编号	标准名称	发布时间	发布部门	备注
1	鲁自然资字〔2019〕48 号	山东省永久基本农田核实、储备区划定及整改补划实施方案	2019/6/6	山东省自然资源厅、山东省农业农村厅	纳入
2	DB37/T 3772—2019	山东省农业用水定额	2019/12/18	山东省市场监督管理局、山东省水利厅	纳入
3	鲁农法字〔2019〕17 号	山东省农田建设项目管理办法	2019/12/27	山东省农业农村厅	纳入
4	鲁农建字〔2020〕14 号	山东省农田建设项目竣工验收办法	2020/4/9	山东省农业农村厅	纳入
5	鲁农建字〔2022〕8 号	关于下达 2022 年农田建设任务的通知	2022/3/10	山东省农业农村厅	纳入

表 O.2 永久基本农田建设行业标准

编号	标准编号	标准名称	发布时间	发布部门	备注
1	NY/T 1259—2007	基本农田环境质量保护技术规范	2007/4/17	农业部	借鉴
2	TD/T 1019—2009	基本农田数据库标准	2009/3/24	国土资源部	借鉴
3	TD/T 1032—2011	基本农田划定技术规程	2011/6/2	国土资源部	借鉴

编号	标准编号	标准名称	发布时间	发布部门	备注
4	NY/T 2247—2012	农田建设规划编制规程	2012/12/7	农业部	借鉴
5	国土资厅发〔2016〕10号	城市周边永久基本农田划定情况专项督察工作方案	2016/3/15	国土资源部办公厅	借鉴
6	国土资厅发〔2017〕4号	关于切实做好永久基本农田数据库更新完善和汇交工作的通知	2017/2/14	国土资源部办公厅	借鉴
7	国土资规〔2018〕1号	关于全面实行永久基本农田特殊保护的通知	2018/3/23	国土资源部	借鉴
8	自然资规〔2018〕3号	关于做好占用永久基本农田重大建设项目用地预审的通知	2018/8/3	自然资源部	借鉴
9	农业农村部令2019年第4号	农田建设项目管理办法	2019/8/27	农业农村部	借鉴
10	自然资规〔2019〕1号	自然资源部 农业农村部关于加强和改进永久基本农田保护工作的通知	2019/1/3	自然资源部、农业农村部	借鉴
11	自然资空间规划函〔2021〕121号	关于加快推进永久基本农田核实整改补足和城镇开发边界划定工作的函	2021/6/2	自然资源部国土空间规划局、耕地保护监督司	借鉴
12	财农〔2022〕5号	农田建设补助资金管理办法	2022/1/12	财政部、农业农村部	借鉴

第四节　土地复垦标准分析

一、采矿弃置地勘测规划标准分析

笔者目前收集到的与采矿弃置地勘测规划相关的标准有 21 项，其中国家标准 3 项、地方标准 8 项（山东省内 4 项，山东省外 4 项）、行业标准 10 项。

对比笔者所收集到的标准可以看到，山东省出台的与采矿弃置地勘测规划相关的标准较少，主要是关于土地整治复垦开发与矿山建设及环境保护方面的，如 2010 年 1 月山东省国土资源厅、山东省财政厅发布的《山东省土地整理复垦开发项目竣工验收暂行办法》（鲁国土资发〔2010〕24 号）、2017 年 11 月山东省人民政府发布的《山东省绿色矿山建设工作方案》（鲁国土资发〔2017〕3 号）、2018 年 9 月青岛市国土资源房管局发布的《青岛市矿山地质环境保护与治理规划（2018—2025 年）》（青土资房发〔2018〕9 号）等，而笔者收集到的国家标准和省外标准有涉及矿山勘察与设计建议的。由于国家标准具有普适性，因此，笔者将国家标准纳入山东省采矿弃置地勘测规划标准体系之中，同时借鉴省外标准编制适合山东省的标准，以补充山东省采矿弃置地勘测规划标准体系。采矿弃置地勘测规划建议构建标准见表 P.1、表 P.2、表 P.3、表 P.4。

表 P.1　采矿弃置地勘测规划国家标准

编号	标准编号	标准名称	发布时间	发布部门	备注
1	GB 51044—2014	煤矿采空区岩土工程勘查规范	2014/12/2	住房和城乡建设部、国家质量监督检验检疫总局	纳入
2	GB 51119—2015	冶金矿山排山场设计规范	2015/8/27	住房和城乡建设部、国家质量监督检验检疫总局	纳入
3	GB/T 37807—2019	露天煤矿井采采空区勘查技术规范	2019/8/30	国家市场监督管理总局、国家标准化管理委员会	纳入

表 P.2　采矿弃置地勘测规划地方标准（山东省内）

编号	标准编号	标准名称	发布时间	发布部门	备注
1	鲁国土资发〔2010〕24号	山东省土地整理复垦开发项目竣工验收暂行办法	2010/1/19	山东省国土资源厅、山东省财政厅	纳入
2	鲁国土资发〔2011〕28号	山东省国土资源厅关于印发《土地复垦方案编制单位登记备案管理办法》的通知	2011/3/23	山东省国土资源厅	纳入
3	鲁国土资规〔2017〕3号	山东省绿色矿山建设工作方案	2017/11/8	山东省人民政府	纳入
4	青土资房发〔2018〕9号	青岛市矿山地质环境保护与治理规划（2018—2025年）	2018/9/11	青岛市国土资源房管局	纳入

表 P.3 采矿弃置地勘测规划地方标准（山东省外）

编号	标准编号	标准名称	发布时间	发布部门	备注
1	DB 43/T 1042—2015	矿山地质环境综合防治方案编制规范	2015/7/20	湖南省质量技术监督局	借鉴
2	DB 14/T 1950—2019	矿山地质环境调查规范	2019/12/1	山西省市场监督管理局	借鉴
3	DB 41/T 1981—2020	矿山土地复垦土壤环境调查技术规范	2020/9/11	河南省市场监督管理局	借鉴
4	DB 32/T 4077.2—2021	矿山生态修复工程技术规程 第2部分：调查勘查与设计	2021/9/3	江苏省市场监督管理局	借鉴

表 P.4 采矿弃置地勘测规划行业标准

编号	标准编号	标准名称	发布时间	发布部门	备注
1	国土资源部第44号令	矿山地质环境保护规定	2009/3/2	国土资源部	借鉴
2	TD/T 1031.1—2011	土地复垦方案编制规程 第1部分：通则	2011/5/4	国土资源部	借鉴
3	TD/T 1031.4—2011	土地复垦方案编制规程 第4部分：金属矿	2011/5/4	国土资源部	借鉴
4	TD/T 1031.5—2011	土地复垦方案编制规程 第5部分：石油天然气（含煤层气）项目	2011/5/4	国土资源部	借鉴
5	TD/T 1031.7—2011	土地复垦方案编制规程 第7部分：铀矿	2011/5/4	国土资源部	借鉴

编号	标准编号	标准名称	发布时间	发布部门	备注
6	TD/T 1031.2—2011	土地复垦方案编制规程第2部分：露天煤矿	2011/5/4	国土资源部	借鉴
7	TD/T 1031.3—2011	土地复垦方案编制规程第3部分：井工煤矿	2011/5/4	国土资源部	借鉴
8	TD/T 1036—2013	土地复垦质量控制标准	2013/1/23	国土资源部	借鉴
9	TD/T 1010—2015	土地利用动态遥感监测规程	2015/10/26	国土资源部	借鉴
10	TD/T 1049—2016	矿山土地复垦基础信息调查规程	2016/7/12	国土资源部	借鉴

二、采矿弃置地填平整理标准分析

笔者目前收集到的与采矿弃置地填平整理相关的标准有 15 项，其中国家标准 1 项、地方标准 6 项（山东省内 3 项，山东省外 3 项）、行业标准 8 项。

总体上看，采矿弃置地填平整理相关标准较少，山东省内标准仅有 3 项，即 2011 年 3 月《山东省国土资源厅关于印发〈土地复垦方案编制单位登记备案管理办法〉的通知》（鲁国土资发〔2011〕28 号）、2018 年 8 月山东省市场监督管理局发布的地标《煤矿废弃地植被恢复技术规程》（DB 37/T 3396—2018）、2020 年 6 月山东省市场监督管理局发布的地标《煤矿开采粉煤灰高水膨胀材料充填工艺技术要求》（DB 37/T 3967—2020）。国家标准涉及采矿弃置地填平整理的仅有 1 项，山东省外相关标准也较少，主要涉及矿山植被恢复、膏体填充等，可以为山东省编制采矿弃置地填平整理相关标准提供思路。因此，笔者建议将国家相关标准纳入山东省采矿弃置地填平整理标准体系，同时借鉴山东省外标准和行业标准，补充编制山东省采矿弃置地填平整理标准体系。采矿弃置地填平整理建议构建标准见表 Q.1、表 Q.2、表 Q.3、表 Q.4。

表 Q.1 采矿弃置地填平整理国家标准

编号	标准编号	标准名称	发布时间	发布部门	备注
1	GB/T 37767—2019	煤矿绿色矿山评价指标	2019/6/4	国家市场监督管理总局、国家标准化管理委员会	纳入

表 Q.2 采矿弃置地填平整理地方标准（山东省内）

编号	标准编号	标准名称	发布时间	发布部门	备注
1	鲁国土资发〔2011〕28号	山东省国土资源厅关于印发《土地复垦方案编制单位登记备案管理办法》的通知	2011/3/23	山东省国土资源厅	纳入
2	DB 37/T 3396—2018	煤矿废弃地植被恢复技术规程	2018/8/17	山东省市场监督管理局	纳入
3	DB 37/T 3967—2020	煤矿开采粉煤灰高水膨胀材料充填工艺技术要求	2020/6/8	山东省市场监督管理局	纳入

表 Q.3　采矿弃置地填平整理地方标准（山东省外）

编号	标准编号	标准名称	发布时间	发布部门	备注
1	DB 13/T 1246—2010	主要矿山废弃地植被恢复技术规范	2010/7/20	河北省质量技术监督局	借鉴
2	DB 1503/T 01—2018	矿山排土场连片治理规范	2018/3/30	乌海市市场监督管理局	借鉴
3	DB 53/T 889—2018	有色金属矿山膏体充填规范	2018/8/10	云南省质量技术监督局	借鉴

表 Q.4　采矿弃置地填平整理行业标准

编号	标准编号	标准名称	发布时间	发布部门	备注
1	国土资发〔2006〕225号	关于加强生产建设项目土地复垦管理工作的通知	2006/9/30	国土资源部	借鉴
2	TD/T 1036—2013	土地复垦质量控制标准	2013/1/23	国土资源部	借鉴
3	HJ 651—2013	矿山生态环境保护与恢复治理技术规范（试行）	2013/7/23	环境保护部	借鉴
4	LY/T 2356—2014	矿山废弃地植被恢复技术规程	2014/8/21	国家林业局	借鉴
5	TD/T 1044—2014	生产项目土地复垦验收规程	2014/10/23	国土资源部	借鉴
6	DZ/T 0272—2015	矿产资源综合利用技术指标及其计算方法	2015/1/29	国土资源部	借鉴
7	AQ 1029—2019	煤矿安全监控系统及检测仪器使用管理规范	2019/8/12	应急管理部	借鉴
8	AQ 6201—2019	煤矿安全监控系统通用技术要求	2019/8/12	应急管理部	借鉴

三、采矿弃置地开发利用标准分析

笔者目前收集到与采矿弃置地开发利用相关的标准有 16 项，其中国家标准 0 项、地方标准 13 项（山东省内 5 项，山东省外 8 项）、行业标准 3 项。

根据收集到的国家标准、地方标准和行业标准，笔者对比分析山东省出台的关于采矿弃置地开发利用的标准，总体来看，国家还未出台采矿弃置地开发利用相关标准，山东省内只有涉及土地整治复垦开发项目竣工验收以及煤矿、金矿、铁矿绿色矿山建设的标准，山东省外标准主要涉及矿山生态修复等内容，如 2018 年 3 月内蒙古自治区质量技术监督局发布的地标《露天煤矿生态恢复牧草复垦技术规程》（DB 15/T 1358—2018）、2018 年 3 月内蒙古自治区质量技术监督局发布的地标《露天煤矿生态恢复作物复垦技术规程》（DB 15/T 1354—2018）、2020 年 9 月河北省市场监督管理局发布的地标《采矿迹地生态治理技术规范》系列等。行业标准涉及的方面相似，如 2011 年 12 月工业和信息化部发布的《岩溶堆积型铝土矿山复垦技术规范》（YS/T 762—2011）、2017 年 8 月国家能源局发布的《工矿用地复垦区宜能非粮地划分检验标准》（NB/T 34052—2017）等。这些标准为山东省编制相关标准提供了思路。因此，笔者建议通过借鉴其他省份出台的相关标准和行业标准，编制补充山东省采矿弃置地开发利用标准体系。采矿弃置地开发利用建议构建标准见表 R. 1、表 R. 2、表 R. 3。

表 R. 1　采矿弃置地开发利用地方标准（山东省内）

编号	标准编号	标准名称	发布时间	发布部门	备注
1	鲁国土资发〔2010〕24 号	关于印发《山东省土地整理复垦开发项目竣工验收暂行办法》的通知	2010/1/19	山东省自然资源厅	纳入

续表

编号	标准编号	标准名称	发布时间	发布部门	备注
2	DB 37/T 3396—2018	煤矿废弃地植被恢复技术规程	2018/8/17	山东省市场监督管理局	纳入
3	DB 37/T 3846—2019	煤矿绿色矿山建设规范	2019/12/31	山东省市场监督管理局	纳入
4	DB 37/T 3845—2019	金矿绿色矿山建设规范	2019/12/31	山东省市场监督管理局	纳入
5	DB 37/T 3842—2019	铁矿绿色矿山建设规范	2019/12/31	山东省市场监督管理局	纳入

表 R.2　采矿弃置地开发利用地方标准（山东省外）

编号	标准编号	标准名称	发布时间	发布部门	备注
1	DB 45/T 892—2012	土地复垦技术要求与验收规范	2012/12/31	广西壮族自治区质量技术监督局	借鉴
2	DB 15/T 1358—2018	露天煤矿生态恢复牧草复垦技术规程	2018/3/30	内蒙古自治区质量技术监督局	借鉴
3	DB 15/T 1354—2018	露天煤矿生态恢复作物复垦技术规程	2018/3/30	内蒙古自治区质量技术监督局	借鉴
4	DB 42/T 1350—2018	采矿废弃地边坡绿化技术规范	2018/5/8	湖北省质量技术监督局	借鉴
5	DB 13/T 5232.1—2020	采矿迹地生态治理技术规范 第 1 部分：恢复耕地	2020/9/18	河北省市场监督管理局	借鉴
6	DB 13/T 5232.2—2020	采矿迹地生态治理技术规范 第 2 部分：恢复经济林	2020/9/18	河北省市场监督管理局	借鉴

编号	标准编号	标准名称	发布时间	发布部门	备注
7	DB 13/T 5232.3—2020	采矿迹地生态治理技术规范 第3部分：恢复林草	2020/9/18	河北省市场监督管理局	借鉴
8	DB 13/T 5232.4—2020	采矿迹地生态治理技术规范 第4部分：恢复公园	2020/9/18	河北省市场监督管理局	借鉴

表 R.3　采矿弃置地开发利用行业标准

编号	标准编号	标准名称	发布时间	发布部门	备注
1	YS/T 762—2011	岩溶堆积型铝土矿山复垦技术规范	2011/12/20	工业和信息化部	借鉴
2	NB/T 34052—2017	工矿用地复垦区宜能非粮地划分检验标准	2017/8/2	国家能源局	借鉴
3	DZ/T 0320—2018	有色金属行业绿色矿山建设规范	2018/6/22	国土资源部	借鉴

第四章 生态修复标准
体系构建分析

省 级 土 地 整 治 与 生 态 修 复 标 准 体 系 研 究

第一节　退化污染废弃地生态修复标准分析

一、水土流失生态修复标准分析

笔者目前收集到的与水土流失生态修复相关的标准有 33 项，其中国家标准 11 项、地方标准 13 项（山东省内 6 项，山东省外 7 项）、行业标准 9 项。

根据收集到的国家标准、地方标准和行业标准，笔者对比分析山东省出台的关于水土流失生态修复的标准。总体来说，山东省出台的相关标准较少，且主要集中在与造林相关的方面，如 2004 年 8 月山东省质量技术监督局发布的地标《工程造林技术规程》（DB 37/T 397—2004）、2017 年 8 月山东省质量技术监督局发布的地标《干旱山地造林雨水蓄存利用工程建设技术规程》（DB 37/T 2997—2017）等。而国家标准、山东省外标准和行业标准，都有与水土保持综合治理相关的内容，如 2008 年 11 月国家质量监督检验检疫总局、国家标准化管理委员会发布的国标《水土保持综合治理技术规范　坡耕地治理技术》（GB/T 16453.1—2008），2012 年 7 月水利部发布的行标《水土保持遥感监测技术规范》（SL 592—2012），2014 年 12 月住房和城乡建设部、国家质量监督检验检疫总局发布的国标《水土保持工程设计规范》（GB 51018—2014），2018 年 11 月住房和城乡建设部、国家市场监督管理总局发布的国标《水土保持工程调查与勘测标准》（GB/T 51297—2018），2018 年 11 月浙江省质量技术监督局发布的地标《水土流失综合治理技术规范》（DB 33/T 2166—2018 ）等。山东省在相关标准编制上有所欠缺。因此，笔者建议采用纳入和借鉴的方式，将国家标准、外省份地方标准和行业标准补充到山东省水土流失生态修复标准体系之中。水土流失生态修复建议构建标准见表 S.1、表 S.2、表 S.3、表 S.4。

表 S.1　水土流失生态修复国家标准

编号	标准编号	标准名称	发布时间	发布部门	备注
1	GB/T 22490—2008	开发建设项目水土保持设施验收技术规程	2008/11/14	国家质量监督检验检疫总局、国家标准化管理委员会	纳入
2	GB/T 16453.2—2008	水土保持综合治理 技术规范 荒地治理技术	2008/11/14	国家质量监督检验检疫总局、国家标准化管理委员会	纳入
3	GB/T 16453.3—2008	水土保持综合治理 技术规范 沟壑治理技术	2008/11/14	国家质量监督检验检疫总局、国家标准化管理委员会	纳入
4	GB/T 16453.1—2008	水土保持综合治理 技术规范 坡耕地治理技术	2008/11/14	国家质量监督检验检疫总局、国家标准化管理委员会	纳入
5	GB/T 15772—2008	水土保持综合治理 规划通则	2008/11/14	国家质量监督检验检疫总局、国家标准化管理委员会	纳入
6	GB/T 15773—2008	水土保持综合治理 验收规范	2008/11/14	国家质量监督检验检疫总局、国家标准化管理委员会	纳入
7	GB/T 15774—2008	水土保持综合治理 效益计算方法	2008/11/14	国家质量监督检验检疫总局、国家标准化管理委员会	纳入
8	GB/T 16453.5—2008	水土保持综合治理 技术规范 风沙治理技术	2008/11/14	国家质量监督检验检疫总局、国家标准化管理委员会	纳入
9	GB 51018—2014	水土保持工程设计规范	2014/12/2	住房和城乡建设部、国家质量监督检验检疫总局	纳入
10	GB/T 51297—2018	水土保持工程调查与勘测标准	2018/11/1	住房和城乡建设部、国家市场监督管理总局	纳入
11	GB/T 51240—2018	生产建设项目水土保持监测与评价标准	2018/11/1	住房和城乡建设部、国家市场监督管理总局	纳入

表 S.2 水土流失生态修复地方标准（山东省内）

编号	标准编号	标准名称	发布时间	发布部门	备注
1	DB 37/T 397—2004	工程造林技术规程	2004/8/24	山东省质量技术监督局	纳入
2	DB 37/T 2997—2017	干旱山地造林雨水蓄存利用工程建设技术规程	2017/8/18	山东省质量技术监督局	纳入
3	DB 37/T 3412—2018	主要造林树种造林技术规程	2018/8/17	山东省市场监督管理局	纳入
4	鲁水规字〔2019〕5 号	山东省生产建设项目水土保持标准化监管暂行办法	2019/11/14	山东省水利厅	纳入
5	DB 3706/T 71—2020	裸露山体喷播技术规范	2020/10/28	烟台市市场监督管理局	纳入
6	鲁水规字〔2021〕10 号	山东省水利厅关于印发《山东省水土保持技术服务评价管理办法（试行）》的通知	2021/12/15	山东省水利厅	纳入

表 S.3 水土流失生态修复地方标准（山东省外）

编号	标准编号	标准名称	发布时间	发布部门	备注
1	DB 44/T 1811—2016	石灰岩山地造林技术规程	2016/3/7	广东省质量技术监督局	借鉴
2	DB 33/T 2166—2018	水土流失综合治理技术规范	2018/11/7	浙江省质量技术监督局	借鉴
3	DB 34/T 3455—2019	生产建设项目水土保持监测规程	2019/11/4	安徽省市场监督管理局	借鉴

编号	标准编号	标准名称	发布时间	发布部门	备注
4	DB 11/T 1779—2020	浅山区造林技术规程	2020/12/24	北京市市场监督管理局	借鉴
5	DB 36/T 1344.1—2020	小流域水土流失综合治理 第1部分：水土保持工程措施设计规范	2020/12/29	江西省市场监督管理局	借鉴
6	DB 64/T 1776—2021	水土保持生态监测站点建设与监测技术规范	2021/8/13	宁夏回族自治区市场监督管理厅	借鉴
7	DB 11/T 1823—2021	山区水土保持生态修复与监测技术指南	2021/3/29	北京市市场监督管理局	借鉴

表 S.4　水土流失生态修复行业标准

编号	标准编号	标准名称	发布时间	发布部门	备注
1	SL 277—2002	水土保持监测技术规程	2002/9/4	水利部	借鉴
2	SL 342—2006	水土保持监测设施通用技术条件	2006/9/9	水利部	借鉴
3	SL 446—2009	黑土区水土流失综合防治技术标准	2009/3/9	水利部	借鉴
4	SL 461—2009	岩溶地区水土流失综合治理规范	2009/12/25	水利部	借鉴
5	SL 592—2012	水土保持遥感监测技术规范	2012/7/31	水利部	借鉴
6	SL 575—2012	水利水电工程水土保持技术规范	2012/10/8	水利部	借鉴

续表

编号	标准编号	标准名称	发布时间	发布部门	备注
7	SL/T 657—2014	南方红壤丘陵区水土流失综合治理技术标准	2014/3/19	水利部	借鉴
8	SL 665—2014	北方土石山区水土流失综合治理技术标准	2014/3/19	水利部	借鉴
9	NB/T 10510—2021	水电工程水土保持生态修复技术规范	2021/1/7	国家能源局	借鉴

二、土地沙漠化生态修复标准分析

笔者目前收集到的与土地沙漠化生态修复相关的标准有 15 项，其中国家标准 3 项、地方标准 3 项（山东省内 1 项，山东省外 2 项）、行业标准 9 项。

对比收集到的相关标准可以看到，山东省出台的与土地沙漠化生态修复相关的标准较少，仅有 2004 年 8 月山东省质量技术监督局发布的《沙化 荒漠化土地监测技术规程》（DB 37/T 398—2004）。国家标准和山东省外标准主要集中在沙漠化治理技术规范和监测管理规范方面，但是出台时间较早，如 2003 年 12 月国家林业局发布的行标《全国荒漠化和沙化监测管理办法》（林沙发〔2003〕239 号）、2009 年 7 月国家质量监督检验检疫总局、国家标准化管理委员会发布的国标《沙化土地监测技术规程》（GB/T 24255—2009）、2010 年 1 月天津市质量技术监督局发布的地标《沙化和荒漠化监测技术规程》（DB 12/T 417—2010）等。相关的行业标准主要集中在荒漠生态系统恢复方面，如 2008 年 3 月国家林业局发布的行标《荒漠胡杨林更新复壮恢复技术规程》（LY/T 1751—2008）；2015 年 10 月国家林业局发布的行标《西北干旱荒漠区河岸植被恢复技术规程》（LY/T 2540—2015）。目前来看，山东省关于土地沙漠化生态修复的相关标准较少，因此建议在现有标准的基础上，通过纳入和借鉴的方式，将相关国家标准、其他省份地方标准和行业标准补充到山东省土地沙漠化生态修复标准体系之中。土地沙漠化生态修复建议构建标准见表 T.1、表 T.2、表 T.3、表 T.4。

表 T.1　土地沙漠化生态修复国家标准

编号	标准编号	标准名称	发布时间	发布部门	备注
1	GB/T 20483—2006	土地荒漠化监测方法	2006/8/28	国家质量监督检验检疫总局、国家标准化管理委员会	纳入
2	GB/T 21141—2007	防沙治沙技术规范	2007/10/16	国家质量监督检验检疫总局、国家标准化管理委员会	纳入
3	GB/T 24255—2009	沙化土地监测技术规程	2009/7/8	国家质量监督检验检疫总局、国家标准化管理委员会	纳入

表 T.2　土地沙漠化生态修复地方标准（山东省内）

编号	标准编号	标准名称	发布时间	发布部门	备注
1	DB 37/T 398—2004	沙化 荒漠化土地监测技术规程	2004/8/24	山东省质量技术监督局	纳入

表 T.3　土地沙漠化生态修复地方标准（山东省外）

编号	标准编号	标准名称	发布时间	发布部门	备注
1	DB 15/T 340—2000	内蒙古天然草地沙漠化标准	2000/4/13	内蒙古自治区质量技术监督局	借鉴
2	DB 12/T 417—2010	沙化和荒漠化监测技术规程	2010/1/8	天津市质量技术监督局	借鉴

表 T.4 土地沙漠化生态修复行业标准

编号	标准编号	标准名称	发布时间	发布部门	备注
1	林沙发〔2003〕239号	全国荒漠化和沙化监测管理办法	2003/12/23	国家林业局	借鉴
2	LY/T 1698—2007	荒漠生态系统定位观测指标体系	2007/6/4	国家林业局	借鉴
3	LY/T 1751—2008	荒漠胡杨林更新复壮恢复技术规程	2008/3/31	国家林业局	借鉴
4	LY/T 1753—2008	荒漠生态系统观测研究站建设规范	2008/9/3	国家林业局	借鉴
5	LY/T 2006—2012	荒漠生态系统服务评估规范	2012/2/23	国家林业局	借鉴
6	LY/T 2540—2015	西北干旱荒漠区河岸植被恢复技术规程	2015/10/19	国家林业局	借鉴
7	LY/T 2575—2016	国家沙漠公园建设导则	2016/1/18	国家林业局	借鉴
8	LY/T 2574—2016	国家沙漠公园总体规划编制导则	2016/1/18	国家林业局	借鉴
9	LY/T 3257—2021	荒漠化防治工程效益监测与评价规范	2021/6/30	国家林业和草原局	借鉴

三、土地盐碱化生态修复标准分析

笔者目前收集到的与土地盐碱化生态修复相关的标准有 20 项,其中国家标准 0 项、地方标准 14 项(山东省内 1 项,山东省外 13 项)、行业标准 6 项。

根据笔者收集到的相关国家标准、山东省外标准、行业标准,对比山东省相关地方标准可以看到，山东省出台的标准较少，只有 2017 年山东省质量技术监督局出台了地标《盐碱地造林技术规程》（DB 37/T 2960—2017）。出台的相关行业标准主要集中在盐碱地改良上，如 2013 年 10 月国土资源部发布的行标《暗管改良盐碱地技术规程 第 1 部分：土壤调查》（TD/T 1043.1—2013）以及《暗管改良盐碱地技术规程 第 2 部分：规划设计与施工》（TD/T 1043.2—2013）、2018 年 12 月国家林业和草原局发布的行标《长江以北海岸带盐碱地造林技术规程》（LY/T 2992—2018）等。山东省外相关标准主要集中在盐碱地改良方面，如 2010 年 12 月山西省质量技术监督局发布的地标《盐碱化草地植被恢复与重建技术规程》（DB 14/T 585—2010）、2019 年 2 月内蒙古自治区市场监督管理局发布的地标《河套地区暗管排水改良盐碱地技术规程》（DB 15/T 1596—2019）、2021 年 7 月河北省市场监督管理局发布的地标《滨海区盐碱地暗管改良土壤培肥技术规程》（DB 13/T 5405—2021）等。国家和山东省外都出台了较多的相关技术标准，为山东省出台相关标准提供了较多借鉴，因此，笔者建议山东省结合本省实际情况，借鉴其他省份地方标准和行业标准，编制山东省关于土地盐碱化生态修复的标准。土地盐碱化生态修复建议构建标准见表 U.1、表 U.2、表 U.3。

表 U.1　土地盐碱化生态修复地方标准（山东省内）

编号	标准编号	标准名称	发布时间	发布部门	备注
1	DB 37/T 2960—2017	盐碱地造林技术规程	2017/5/23	山东省质量技术监督局	纳入

表 U.2　土地盐碱化生态修复地方标准（山东省外）

编号	标准编号	标准名称	发布时间	发布部门	备注
1	DB 14/T 585—2010	盐碱化草地植被恢复与重建技术规程	2010/12/20	山西省质量技术监督局	借鉴

编号	标准编号	标准名称	发布时间	发布部门	备注
2	DB 13/T 1487—2011	盐碱地园林绿化施工规范	2011/12/13	河北省质量技术监督局	借鉴
3	DB 13/T 1619—2012	滨海泥质盐碱地原土绿化技术规程	2012/9/11	河北省质量技术监督局	借鉴
4	DB 15/T 647—2013	内蒙古河套灌区盐碱地前茬覆膜种植留膜抑盐技术规程	2013/11/30	内蒙古自治区质量技术监督局	借鉴
5	DB 15/T 645—2013	内蒙古河套灌区盐碱地"上膜下秸"改良技术规程	2013/11/30	内蒙古自治区质量技术监督局	借鉴
6	DB 22/T 2615—2017	碱茅改良盐碱地技术规程	2017/5/8	吉林省质量技术监督局	借鉴
7	DB 15/T 1596—2019	河套地区暗管排水改良盐碱地技术规程	2019/2/20	内蒙古自治区市场监督管理局	借鉴
8	DB 65/T 4192—2019	生态绿化工程盐碱地改良技术规程	2019/3/1	新疆维吾尔自治区市场监督管理局	借鉴
9	DB 23/T 2387—2019	盐碱化草地植被恢复与重建技术规程	2019/7/3	黑龙江省市场监督管理局	借鉴
10	DB 62/T 4122—2020	盐碱荒地快速改良技术规程	2020/4/8	甘肃省市场监督管理局	借鉴
11	DB 15/T 1995—2020	河套灌区田菁改良盐碱地技术规程	2020/9/15	内蒙古自治区市场监督管理局	借鉴

编号	标准编号	标准名称	发布时间	发布部门	备注
12	DB 15/T 2256—2021	河套灌区盐碱化耕地综合改良技术规程	2021/7/23	内蒙古自治区市场监督管理局	借鉴
13	DB 13/T 5405—2021	滨海区盐碱地暗管改良土壤培肥技术规程	2021/7/28	河北省市场监督管理局	借鉴

表 U.3　土地盐碱化生态修复行业标准

编号	标准编号	标准名称	发布时间	发布部门	备注
1	LY/T 1249—1999	土壤碱化度的计算	1999/7/15	国家林业局	借鉴
2	NY/T 1121.2—2006	土壤检测 第2部分：土壤 pH 的测定	2006/7/10	农业部	借鉴
3	NY/T 1121.16—2006	土壤检测 第16部分：土壤水溶性盐总量的测定	2006/7/10	农业部	借鉴
4	TD/T 1043.1—2013	暗管改良盐碱地技术规程 第1部分：土壤调查	2013/10/12	国土资源部	借鉴
5	TD/T 1043.2—2013	暗管改良盐碱地技术规程 第2部分：规划设计与施工	2013/10/12	国土资源部	借鉴
6	LY/T 2992—2018	长江以北海岸带盐碱地造林技术规程	2018/12/29	国家林业和草原局	借鉴

四、土地污染生态修复标准分析

笔者目前收集到的与土地污染生态修复相关的标准有 36 项，其中国家标准 4 项、地方标准 23 项（山东省内 7 项，山东省外 16 项）、行业标准9项。

对比笔者收集到的相关标准可以看到，山东省出台的相关标准主要集中在土壤中某些成分、酸碱度测定以及改良技术方面，如2011年6月山东省质量技术监督局发布的地标《土壤中叶枯唑残留量的测定》（DB 37/T 1900—2011）、2021年12月威海市市场监督管理局发布的地标《园林绿化种植土壤质量要求和改良技术导则》（DB 3710/T 157—2021）等，总体上出台的相关标准数量较少。根据所收集的相关标准来看，国家标准主要集中在土壤质量调查方面，山东省外标准和行业标准主要集中在土壤污染修复的技术方面，数量较多，内容也较为全面，这为山东省编制相关标准提供了较多借鉴。因此，笔者建议将相关国家标准纳入山东省相关标准体系之中，并借鉴其他省份地方标准和行业标准，编制山东省相关的地方标准。土地污染生态修复建议构建标准见表V.1、表V.2、表V.3、表V.4。

表 V. 1　土地污染生态修复国家标准

编号	标准编号	标准名称	发布时间	发布部门	备注
1	GB 16889—2008	生活垃圾填埋场污染物控制标准	2008/4/2	环境保护部、国家质量监督检验检疫总局	纳入
2	GB/T 18772—2017	生活垃圾卫生填埋场环境监测技术要求	2017/10/14	国家质量监督检验检疫总局、国家标准化管理委员会	纳入
3	GB 36600—2018	土壤环境质量 建设用地土壤污染风险管控标准（试行）	2018/6/22	生态环境部、国家市场监督管理总局	纳入
4	GB/T 36200—2018	土壤质量 城市及工业场地土壤污染调查方法指南	2018/5/14	国家市场监督管理总局、国家标准化管理委员会	纳入

表 V.2　土地污染生态修复地方标准（山东省内）

编号	标准编号	标准名称	发布时间	发布部门	备注
1	DB 37/T 1303—2009	土壤全盐量测定 重量法	2009/7/15	山东省质量技术监督局	纳入
2	DB 37/T 1898—2011	土壤中吡唑醚菌酯残留量的测定	2011/6/16	山东省质量技术监督局	纳入
3	DB 37/T 1899—2011	土壤中三氯杀螨砜残留量的测定	2011/6/16	山东省质量技术监督局	纳入
4	DB 37/T 1900—2011	土壤中叶枯唑残留量的测定	2011/6/16	山东省质量技术监督局	纳入
5	DB 3710/T 106—2020	苹果园酸化土壤改良技术规范	2020/1/2	威海市市场监督管理局	纳入
6	鲁环发〔2020〕49 号	山东省生态环境厅 山东省自然资源厅关于印发《山东省建设用地土壤污染状况调查报告评审工作指南》《山东省建设用地土壤污染状况调查山东省建设用地土壤污染风险评估、风险管控及修复效果评估报告评审工作指南》的通知	2020/11/6	山东省生态环境厅、山东省自然资源厅	纳入
7	DB 3710/T 157—2021	园林绿化种植土壤质量要求和改良技术导则	2021/12/29	威海市市场监督管理局	纳入

表 V.3　土地污染生态修复地方标准（山东省外）

编号	标准编号	标准名称	发布时间	发布部门	备注
1	DB 50/T 724—2016	污染场地治理修复验收评估技术导则	2016/12/15	重庆市质量技术监督局	借鉴

编号	标准编号	标准名称	发布时间	发布部门	备注
2	DB 36/T 1140—2019	茶园土壤酸化改良技术规程	2019/7/3	江西省质量技术监督局	借鉴
3	DB 11/T 656—2019	建设用地土壤污染状况调查与风险评估技术导则	2019/9/26	北京市市场监督管理局	借鉴
4	DB 36/T 1176—2019	污染地块风险管控与土壤修复效果评估技术指南	2019/11/5	江西省市场监督管理局	借鉴
5	DB 12/T 951—2020	农田土壤镉和莠去津复合污染原位钝化修复技术规程	2020/8/18	天津市市场监督管理委员会	借鉴
6	DB 4401/T 102.1—2020	建设用地土壤污染防治 第1部分：污染状况调查技术规范	2020/10/10	广州市市场监督管理局	借鉴
7	DB 45/T 2144—2020	工业企业重金属污染地块修复技术规范	2020/10/12	广西壮族自治区市场监督管理局	借鉴
8	DB 13/T 2206—2020	农用地土壤重金属污染修复技术规程	2020/11/19	河北省市场监督管理局	借鉴
9	DB 36/ 1282—2020	建设用地土壤污染风险管控标准（试行）	2020/12/10	江西省市场监督管理局、江西省生态环境厅	借鉴
10	DB 32/T 3943—2020	建设用地土壤污染修复工程环境监理规范	2020/12/15	江苏省市场监督管理局	借鉴
11	DB 44/T 2263.1—2020	耕地土壤重金属污染风险管控与修复 总则	2020/12/28	广东省市场监督管理局	借鉴
12	DB 44/T 2271—2021	耕地土壤重金属污染钝化调理技术指南	2021/2/10	广东省市场监督管理局	借鉴

编号	标准编号	标准名称	发布时间	发布部门	备注
13	DB 11/T 1280—2021	建设用地土壤污染修复方案编制导则	2021/9/24	北京市市场监督管理局	借鉴
14	DB 50/T 1146—2021	酸化土壤改良技术规范	2021/11/1	重庆市市场监督管理局	借鉴
15	DB 32/T 4121—2021	耕地镉污染土壤修复效果评价规程	2021/11/4	江苏省市场监督管理局	借鉴
16	DB 36/T 1517—2021	酸性土壤改良与评价技术规范	2021/12/14	江西省市场监督管理局	借鉴

表 V.4 土地污染生态修复行业标准

编号	标准编号	标准名称	发布时间	发布部门	备注
1	CJJ 60—2011	城镇污水处理厂运行、维护及安全技术规程	2011/3/15	住房和城乡建设部	借鉴
2	HJ 25.5—2018	污染地块风险管控与土壤修复效果评估技术导则（试行）	2018/12/29	生态环境部	借鉴
3	NY/T 3499—2019	受污染耕地治理与修复导则	2019/8/1	农业农村部	借鉴
4	HJ 25.1—2019	建设用地土壤污染状况调查技术导则	2019/12/5	生态环境部	借鉴
5	HJ 25.3—2019	建设用地土壤污染风险评估技术导则	2019/12/5	生态环境部	借鉴
6	HJ 25.4—2019	建设用地土壤修复技术导则	2019/12/5	生态环境部	借鉴
7	HJ 682—2019	建设用地土壤污染风险管控和修复术语	2019/12/5	生态环境部	借鉴

编号	标准编号	标准名称	发布时间	发布部门	备注
8	HJ 25.2—2019	建设用地土壤污染风险管控和修复 监测技术导则	2019/12/5	生态环境部	借鉴
9	环办土壤〔2019〕63号	关于印发《建设用地土壤污染状况调查、风险评估、风险管控及修复效果评估报告评审指南》的通知	2019/12/17	生态环境部办公厅、自然资源部办公厅	借鉴

五、废弃土地生态修复标准分析

笔者目前收集到的与废弃土地生态修复相关的标准有 16 项，其中国家标准 1 项、地方标准 10 项（山东省内 3 项，山东省外 7 项）、行业标准 5 项。

根据笔者收集到的相关国家标准、地方标准和行业标准，对比分析山东省出台的关于废弃土地生态修复的标准，总体来看，山东省出台的相关标准数量较少，仅有 3 项，同时内容较为单一，只出台了对临时用地管理、工矿废弃地以及生态修复相关的标准。相关国家标准也较少，仅有 2012 年 12 月国家质量监督检验检疫总局、国家标准化管理委员会发布的国标《垃圾卫生填埋场封场恢复植被生产线》（GB/T 29150—2012）。相关山东省外标准和行业标准主要集中于植被恢复和矿山废弃地恢复的技术方面，如 2011 年 4 月四川省质量技术监督局发布的地标《工程废弃地植被恢复技术规程》（DB 51/T 1232—2011）、2014 年 8 月国家林业局发布的行标《矿山废弃地植被恢复技术规程》（LY/T 2356—2014）、2018 年 12 月山西省市场监督管理局发布的地标《煤矸石堆场生态恢复治理技术规范》（DB 14/T 1755—2018）、2021 年 9 月内蒙古自治区市场监督管理局发布的地标《草原区露天矿山废弃地生态修复技术规范》（DB 15/T 2378—2021）等。根据山东省内出台相关标准的现状，笔者建议借鉴其他省份地方标准和行业标准，补充山东省对于废弃土地生态修复相关的技术标准体系。废弃土地生态修复建议构建标准见表 W.1、表 W.2、表 W.3、表 W.4。

表 W.1 废弃土地生态修复国家标准

编号	标准编号	标准名称	发布时间	发布部门	备注
1	GB/T 29150—2012	垃圾卫生填埋场封场恢复植被生产线	2012/12/31	国家质量监督检验检疫总局、国家标准化管理委员会	纳入

表 W.2 废弃土地生态修复地方标准（山东省内）

编号	标准编号	标准名称	发布时间	发布部门	备注
1	鲁国土资规〔2018〕3 号	山东省国土资源厅关于加强临时用地管理的通知	2018/6/17	山东省国土资源厅	纳入
2	DB 37/T 3396—2018	煤矿废弃地植被恢复技术规程	2018/8/17	山东省市场监督管理局	纳入
3	鲁自然资字〔2021〕213 号	山东省国土空间生态修复规划（2021—2035 年）	2022/1/6	山东省自然资源厅	纳入

表 W.3 废弃土地生态修复地方标准（山东省外）

编号	标准编号	标准名称	发布时间	发布部门	备注
1	DB 51/T 1232—2011	工程废弃地植被恢复技术规程	2011/4/20	四川省质量技术监督局	借鉴
2	DB 31/T 918—2015	城镇生活垃圾填埋场植被生态重建技术要求	2015/7/29	上海市质量技术监督局	借鉴
3	DB 15/T 1251—2017	草原区城镇周边荒废土地植被恢复技术规程	2017/9/10	内蒙古自治区质量技术监督局	借鉴
4	DB 14/T 1719—2018	公路施工期临时用地生态恢复技术要求	2018/10/1	山西省市场监督管理局	借鉴
5	DB 14/T 1755—2018	煤矸石堆场生态恢复治理技术规范	2018/12/5	山西省市场监督管理局	借鉴
6	DB 35/T 1830—2019	废弃矿区植被恢复技术规范	2019/4/18	福建省市场监督管理局	借鉴
7	DB 15/T 2378—2021	草原区露天矿山废弃地生态修复技术规范	2021/9/26	内蒙古自治区市场监督管理局	借鉴

表 W.4 废弃土地生态修复行业标准

编号	标准编号	标准名称	发布时间	发布部门	备注
1	CJ/T 3037—1995	生活垃圾填埋场环境监测技术标准	1995/7/14	建设部	借鉴
2	HJ 564—2010	生活垃圾填埋场渗滤液处理工程技术规范（试行）	2010/2/3	环境保护部	借鉴
3	CJJ 93—2011	生活垃圾卫生填埋场运行维护技术规程	2011/4/22	住房和城乡建设部	借鉴

编号	标准编号	标准名称	发布时间	发布部门	备注
4	LY/T 2356—2014	矿山废弃地植被恢复技术规程	2014/8/21	国家林业局	借鉴
5	SY/T 6646—2017	废弃井及长停井处置指南	2017/11/15	国家能源局	借鉴

六、退化土地生态修复标准分析

笔者目前收集到的与退化土地生态修复相关的标准有 18 项，其中国家标准 3 项、地方标准 10 项（山东省内 4 项，山东省外 6 项）、行业标准 5 项。

根据笔者搜集的相关标准，对比分析山东省出台的相关标准，总体来说，山东省出台的相关标准数量较少，仅有 4 项，主要以土地绿化为主。而相关国家标准、省外地方标准和行业标准，大多是修复退化土地的技术标准，如 2003 年 11 月国家质量监督检验检疫总局发布的《天然草地退化、沙化、盐渍化的分级指标》（GB 19377—2003），2015 年 2 月吉林省质量技术监督局地标《退化羊草草地改良技术规程》（DB 22/T 2254—2015），2016 年 7 月国家林业局发布的行标《退化森林生态系统恢复与重建技术规程》（LY/T 2651—2016），2018 年 12 月国家市场监督管理总局、国家标准化管理委员会发布的国标《退化草地修复技术规范》（GB/T 37067—2018），2020 年 1 月青海省市场监督管理局发布的地标《退化人工林改造技术规程》（DB 63/T 1770—2020）等。这些标准为山东省编制退化土地生态修复相关技术标准提供了借鉴。因此，笔者建议山东省借鉴省外地方标准和行业标准，编制山东省退化土地生态修复标准，将国家标准纳入山东省退化土地生态修复标准体系。退化土地生态修复建议构建标准见表 X.1、表 X.2、表 X.3、表 X.4。

表 X.1 退化土地生态修复国家标准

编号	标准编号	标准名称	发布时间	发布部门	备注
1	GB 19377—2003	天然草地退化、沙化、盐渍化的分级指标	2003/11/10	国家质量监督检验检疫总局	纳入
2	GB/T 37067—2018	退化草地修复技术规范	2018/12/28	国家市场监督管理总局、国家标准化管理委员会	纳入
3	GB/T 15163—2018	封山（沙）育林技术规程	2018/12/28	国家市场监督管理总局、国家标准化管理委员会	纳入

表 X.2 退化土地生态修复地方标准（山东省内）

编号	标准编号	标准名称	发布时间	发布部门	备注
1	济政办字〔2018〕20 号	关于印发济南市裸露土地绿化工作实施方案的通知	2018/2/23	山东省济南市人民政府办公厅	纳入
2	鲁政办字〔2020〕46 号	关于印发加快推进大规模国土绿化行动方案的通知	2020/4/3	山东省人民政府办公厅	纳入
3	DB 37/T 4411.1—2021	自然资源综合监管指标体系 第 1 部分：土地资源	2021/10/18	山东省市场监督管理局	纳入
4	鲁自然资发〔2021〕17 号	山东省自然资源厅关于印发《山东省"十四五"林业保护发展规划》的通知	2021/12/31	山东省自然资源厅	纳入

表 X.3　退化土地生态修复地方标准（山东省外）

编号	标准编号	标准名称	发布时间	发布部门	备注
1	DB 22/T 2254—2015	退化羊草草地改良技术规程	2015/2/1	吉林省质量技术监督局	借鉴
2	DB 21/T 2580—2016	退化人工防护林修复技术规程	2016/2/3	辽宁省质量技术监督局	借鉴
3	DB 15/T 1084—2016	退化杨树防风固沙林改造技术规程	2016/12/25	内蒙古自治区质量技术监督局	借鉴
4	DB 64/T 1471—2017	退化荒漠草原扁穗冰草补播技术规程	2017/1/19	宁夏回族自治区质量技术监督局	借鉴
5	DB 63/T 1770—2020	退化人工林改造技术规程	2020/1/20	青海省市场监督管理局	借鉴
6	DB 65/T 4464—2021	退化草地修复治理技术规范	2021/11/11	新疆维吾尔自治区市场监督管理局	借鉴

表 X.4　退化土地生态修复行业标准

编号	标准编号	标准名称	发布时间	发布部门	备注
1	LY/T 2028—2012	西南山地退化天然林恢复规程	2012/2/23	国家林业局	借鉴
2	NY/T 2768—2015	草原退化监测技术导则	2015/5/21	农业部	借鉴
3	LY/T 2651—2016	退化森林生态系统恢复与重建技术规程	2016/7/27	国家林业局	借鉴

编号	标准编号	标准名称	发布时间	发布部门	备注
4	LY/T 2786—2017	三北防护林退化林分修复技术规程	2017/6/5	国家林业局	借鉴
5	LY/T 3179—2020	退化防护林修复技术规程	2020/3/30	国家林业和草原局	借鉴

第二节　国土综合整治修复标准分析

一、国土综合整治调查标准分析

笔者目前收集到的与国土综合整治调查相关的标准有 19 项，其中国家标准 0 项、地方标准 5 项（山东省内 3 项，山东省外 2 项）、行业标准 14 项。

根据收集的相关标准，笔者对比分析山东省出台的相关标准，发现山东省出台的相关标准较少，仅有 3 项，而且均为生态环境监测监管相关标准，如 2014 年 8 月山东省质量技术监督局发布的地标《山东省生态环境监测技术规范》（DB 37/T 2582—2014）、2021 年 10 月山东省市场监督管理局发布的地标《生态环境数据元技术规范 第 2 部分：排污单位自动监控》（DB 37/T 4414.2—2021）等。而已出台的相关山东省外地方标准和行业标准则更加细化，并且应用了新技术、新方法，如 2010 年 7 月辽宁省质量技术监督局发布的地标《森林生态系统水质观测方法》（DB 21/T 1820—2010）、2017 年 7 月环境保护部发布的行标《自然保护区人类活动遥感监测及核查处理办法（试行）》（国环规生态〔2017〕3 号）、2021 年 5 月生态环境部发布的行标《全国生态状况调查评估技术规范——森林生态系统野外观测》（HJ 1167—2021）等。这些为山东省编制国土综合整治调查相关标准提供了较多借鉴。因此，笔者建议对现有搜集到的相关标准进行纳入、部分纳入和借鉴，即国家标准纳入、省外地方标准和行业标准借鉴，补充到山东省国土综合整治调查标准体系之中。国土综合整治调查建议构建标准见表 Y.1、表 Y.2、表 Y.3。

表 Y.1　国土综合整治调查地方标准（山东省内）

编号	标准编号	标准名称	发布时间	发布部门	备注
1	DB 37/T 2582—2014	山东省生态环境监测技术规范	2014/8/22	山东省质量技术监督局	纳入
2	鲁环字〔2021〕192 号	山东省生态环境厅关于加强生态保护监管工作的实施意见	2021/8/4	山东省生态环境厅	纳入
3	DB 37/T 4414.2—2021	生态环境数据元技术规范 第 2 部分：排污单位自动监控	2021/10/18	山东省市场监督管理局	纳入

表 Y.2　国土综合整治调查地方标准（山东省外）

编号	标准编号	标准名称	发布时间	发布部门	备注
1	DB 21/T 1820—2010	森林生态系统水质观测方法	2010/7/21	辽宁省质量技术监督局	借鉴
2	DB 15/T 1331—2018	土地生态状况调查与评估技术规范	2018/2/5	内蒙古自治区质量技术监督局	借鉴

表 Y.3　国土综合整治调查行业标准

编号	标准编号	标准名称	发布时间	发布部门	备注
1	环办〔2014〕12 号	自然保护区人类活动遥感监测技术指南（试行）	—	环境保护部办公厅	借鉴
2	环办生态〔2017〕48 号	生态保护红线划定指南	2017/6/5	环境保护部办公厅	借鉴
3	国环规生态〔2017〕3 号	自然保护区人类活动遥感监测及核查处理办法（试行）	2017/7/19	环境保护部	借鉴
4	TD/T 1055—2019	第三次全国国土调查技术规程	2019/1/28	自然资源部	借鉴
5	环办生态〔2019〕49 号	生态保护红线勘界定标技术规程	2019/8/30	生态环境部办公厅	借鉴
6	HJ 1141—2020	生态保护红线监管技术规范 生态状况监测（试行）	2020/11/24	生态环境部	借鉴
7	HJ 1140—2020	生态保护红线监管技术规范 基础调查（试行）	2020/11/24	生态环境部	借鉴
8	HJ 1175—2021	全国生态状况调查评估技术规范——项目尺度生态影响评估	2021/5/12	生态环境部	借鉴
9	HJ 1174—2021	全国生态状况调查评估技术规范——生态问题评估	2021/5/12	生态环境部	借鉴
10	HJ 1170—2021	全国生态状况调查评估技术规范——荒漠生态系统野外观测	2021/5/12	生态环境部	借鉴

续表

编号	标准编号	标准名称	发布时间	发布部门	备注
11	HJ 1169—2021	全国生态状况调查评估技术规范——湿地生态系统野外观测	2021/5/12	生态环境部	借鉴
12	HJ 1168—2021	全国生态状况调查评估技术规范——草地生态系统野外观测	2021/5/12	生态环境部	借鉴
13	HJ 1167—2021	全国生态状况调查评估技术规范——森林生态系统野外观测	2021/5/12	生态环境部	借鉴
14	LY/T 3258—2021	岩溶石漠生态系统定位观测技术规范	2021/6/30	国家林业和草原局	借鉴

二、国土综合整治评价标准分析

笔者目前收集到的与国土综合整治评价相关的标准有 27 项，其中国家标准 1 项、地方标准 11 项（山东省内 6 项，山东省外 5 项）、行业标准 15 项。

对比笔者收集到的标准可以看到，山东省出台的相关标准主要集中在生态系统监管评估方面，如 2016 年 4 月山东省质量技术监督局发布的地标《海洋生态系统服务评估技术导则》（DB 37/T 2770—2016）、2020 年 11 月山东省市场监督管理局发布的地标《化工园区整体性安全风险评价导则》（DB 37/T 4213—2020）等，相比于已经出台的相关国家标准、省外地方标准和行业标准，山东省出台相关的标准较少且内容较为单一，没有涉及新技术、新方法的标准。因此，山东省应该更加注重编制涉及新技术、新方法的相关标准。在生态文明背景下，建议山东省更加注重编制绿色、环保、新科技、新技术的标准，如 2014 年 8 月国家林业局发

布的行标《自然保护区保护成效评估技术导则 第 2 部分：植被保护》
（LY/T 2244.2—2014）、2021 年 5 月生态环境部发布的行标《全国生态
状况调查评估技术规范——生态系统遥感解译与野外核查》（HJ 1166—
2021），通过纳入、部分纳入和借鉴三种方式，将其补充到山东省国土综
合整治评价标准体系之中。国土综合整治评价建议构建标准见表 Z.1、表
Z.2、表 Z.3、表 Z.4.

表 Z.1　国土综合整治评价国家标准

编号	标准编号	标准名称	发布时间	发布部门	备注
1	GB/T 31118—2014	土地生态服务评估原则与要求	2014/9/3	国家质量监督检验检疫总局、国家标准化管理委员会	纳入

表 Z.2　国土综合整治评价地方标准（山东省内）

编号	标准编号	标准名称	发布时间	发布部门	备注
1	DB 37/T 2582—2014	山东省生态环境监测技术规范	2014/8/22	山东省质量技术监督局、山东省环境保护厅	纳入
2	DB 37/T 2770—2016	海洋生态系统服务评估技术导则	2016/4/29	山东省质量技术监督局	纳入
3	DB 37/T 1448—2016	用海建设项目海洋生态损失补偿 评估技术导则	2016/7/29	山东省质量技术监督局	纳入
4	DB 37/T 4213—2020	化工园区整体性安全风险评价导则	2020/11/26	山东省市场监督管理局	纳入
5	鲁环字〔2021〕193 号	山东省生态环境厅关于印发《山东省自然保护地生态环境监管工作暂行办法》的通知	2021/8/4	山东省生态环境厅	纳入
6	DB 37/T 4412—2021	生态环境数据服务目录体系规范	2021/10/18	山东省市场监督管理局	纳入

表 Z.3 国土综合整治评价地方标准（山东省外）

编号	标准编号	标准名称	发布时间	发布部门	备注
1	DB 15/T 1331—2018	土地生态状况调查与评估技术规范	2018/2/5	内蒙古自治区质量技术监督局	借鉴
2	DB 41/T 2092—2021	土地质量调查评价规范	2021/1/26	河南省市场监督管理局	借鉴
3	DB 64/T 1814—2021	退牧还草工程效益监测评价技术规范	2021/8/13	宁夏回族自治区市场监督管理厅	借鉴
4	DB 33/T 2367—2021	海洋生态适宜性评价技术指南	2021/9/22	浙江省市场监督管理局	借鉴
5	DB 63/T 2017—2022	人工生态公益林森林健康评价技术规范	2022/3/10	青海省市场监督管理局	借鉴

表 Z.4 国土综合整治评价行业标准

编号	标准编号	标准名称	发布时间	发布部门	备注
1	NY/T 1233—2006	草原资源与生态监测技术规程	2006/12/6	农业部	借鉴
2	LY/T 1721—2008	森林生态系统服务功能评估规范	2008/3/31	国家林业局	借鉴
3	TD/T 1029—2010	开发区土地集约利用评价规程	2010/9/21	国土资源部	借鉴
4	TD/T 1030—2010	开发区土地集约利用评价数据库标准	2010/9/21	国土资源部	借鉴

续表

编号	标准编号	标准名称	发布时间	发布部门	备注
5	LY/T 2244.2—2014	自然保护区保护成效评估技术导则 第2部分：植被保护	2014/8/21	国家林业局	借鉴
6	HJ 192—2015	生态环境状况评价技术规范	2015/3/13	环境保护部	借鉴
7	LY/T 2573—2016	退耕还林工程生态效益监测与评估规范	2016/1/18	国家林业局	借鉴
8	HJ 1111—2020	生态环境健康风险评估技术指南 总纲	2020/3/18	生态环境部	借鉴
9	HJ 1143—2020	生态保护红线监管技术规范 保护成效评估（试行）	2020/11/24	生态环境部	借鉴
10	HJ 1142—2020	生态保护红线监管技术规范 生态功能评价（试行）	2020/11/24	生态环境部	借鉴
11	HJ 1172—2021	全国生态状况调查评估技术规范——生态系统质量评估	2021/5/12	生态环境部	借鉴
12	HJ 1171—2021	全国生态状况调查评估技术规范——生态系统格局评估	2021/5/12	生态环境部	借鉴
13	HJ 1166—2021	全国生态状况调查评估技术规范——生态系统遥感解译与野外核查	2021/5/12	生态环境部	借鉴

编号	标准编号	标准名称	发布时间	发布部门	备注
14	HJ 1173—2021	全国生态状况调查评估技术规范——生态系统服务功能评估	2021/5/12	生态环境部	借鉴
15	HJ 1203—2021	自然保护区生态环境保护成效评估标准（试行）	2021/11/15	生态环境部	借鉴

三、国土综合整治治理标准分析

笔者目前收集到的与国土综合整治治理相关的标准有 16 项，其中国家标准 0 项、地方标准 9 项（山东省内 6 项，山东省外 3 项）、行业标准 7 项。

根据已收集到的标准，笔者对比山东省出台的相关标准，发现现有的山东省内相关标准主要集中在土地整治工程、生态环境监测等方面，如 2016 年 8 月山东省质量技术监督局发布的地标《土地整治工程建设标准》（DB 37/T 2840—2016）、2019 年 7 月山东省市场监督管理局发布的地标《淡水渔业生态环境监测规范》（DB 37/T 3604—2019）等。相关国家标准、省外地方标准和行业标准主要集中在生态环境监测、工程技术、管理等方面，如 2009 年 6 月国家林业局发布的行标《西北山地暗针叶林生态系统管理导则》（LY/T 1823—2009）、2011 年 5 月青海省质量技术监督局发布的地标《三江源生态监测技术规范》（DB 63/T 993—2011）、2020 年 1 月生态环境部发布的行标《生态环境档案管理规范 生态环境监测》（HJ 8.2 —2020）等，而山东省内与生态环境工程技术和管理相关的标准还未出台。因此，笔者建议补充山东省关于生态环境工程技术和管理的标准，采用纳入、部分纳入和借鉴三种方式将相关国家标准、省外地方标准和行业标准的内容补充到山东省国土综合整治治理标准体系之中。国土综合整治治理建议构建标准见表 AA.1、表 AA.2、表 AA.3。

表 AA.1 国土综合整治治理地方标准（山东省内）

编号	标准编号	标准名称	发布时间	发布部门	备注
1	鲁政发〔2010〕73号	山东省人民政府关于加强土地综合整治推进城乡统筹发展的意见	2010/8/9	山东省人民政府	纳入
2	DB 37/T 2840—2016	土地整治工程建设标准	2016/8/25	山东省质量技术监督局	纳入
3	DB 37/T 3604—2019	淡水渔业生态环境监测规范	2019/7/23	山东省市场监督管理局	纳入
4	鲁自然资字〔2020〕130号	山东省自然资源厅关于开展全域土地综合整治示范镇建设的通知	2020/12/14	山东省自然资源厅	纳入
5	DB 37/T 4341—2021	鳗草床生态监测技术规范	2021/3/11	山东省市场监督管理局	纳入
6	DB 37/T 4411.1—2021	自然资源综合监管指标体系 第1部分：土地资源	2021/10/18	山东省市场监督管理局	纳入

表 AA.2 国土综合整治治理地方标准（山东省外）

编号	标准编号	标准名称	发布时间	发布部门	备注
1	DB 63/T 993—2011	三江源生态监测技术规范	2011/5/16	青海省质量技术监督局	借鉴
2	DB 32/T 1971—2011	农业综合开发土地治理项目验收规程	2011/12/31	江苏省质量技术监督局	借鉴
3	DB 41/T 2231—2022	水利工程生态护坡技术规范	2022/1/13	河南省市场监督管理局	借鉴

表 AA.3　国土综合整治治理行业标准

编号	标准编号	标准名称	发布时间	发布部门	备注
1	LY/T 1823—2009	西北山地暗针叶林生态系统管理导则	2009/6/18	国家林业局	借鉴
2	TD/T 1013—2013	土地整治项目验收规程	2013/10/12	国土资源部	借鉴
3	HJ 966—2018	生态环境信息基本数据集 编制规范	2018/9/22	生态环境部	借鉴
4	自然资发〔2019〕194号	自然资源部关于开展全域土地综合整治试点工作的通知	2019/12/10	自然资源部	借鉴
5	HJ 8.2—2020	生态环境档案管理规范 生态环境监测	2020/1/10	生态环境部	借鉴
6	HJ 1145—2020	生态保护红线监管技术规范 数据质量控制（试行）	2020/11/24	生态环境部	借鉴
7	HJ 1144—2020	生态保护红线监管技术规范 台账数据库建设（试行）	2020/11/24	生态环境部	借鉴

第三节　生物多样性和景观生态修复标准分析

一、生物多样性生态修复标准分析

笔者目前收集到的与生物多样性生态修复相关的标准有 24 项，其中国家标准 1 项、地方标准 11 项（山东省内 7 项，山东省外 4 项）、行业标准 12 项。

根据收集到的相关标准，笔者对比山东省出台的有关生物多样性修复的标准发现，山东省出台的相关标准主要与动植物保护相关，如 2017 年 10 月山东省市场监督管理局发布的地标《玫瑰野生种质资源鉴定评价技术规范》（DB 37/T 3003—2017）、2021 年 2 月山东省人民政府办公厅发布的地标《山东省人民政府办公厅关于进一步加强野生动物保护工作的意见》（鲁政办字〔2021〕6 号），但是现阶段出台的相关标准较少。因此，需要结合山东省实际情况编制相关标准，以补充生物多样性生态修复标准体系。笔者建议根据已有的相关国家标准、省外地方标准和行业标准通过纳入、部分纳入和借鉴三种方式，对山东省生物多样性生态修复标准体系进行补充。生物多样性生态修复建议构建标准见表 AB. 1、表 AB. 2、表 AB. 3、表 AB. 4。

表 AB. 1 生物多样性生态修复国家标准

编号	标准编号	标准名称	发布时间	发布部门	备注
1	GB/T 12763.6—2007	海洋调查规范 第 6 部分：海洋生物调查	2007/8/13	国家质量监督检验检疫总局、国家标准化管理委员会	纳入

表 AB. 2 生物多样性生态修复地方标准（山东省内）

编号	标准编号	标准名称	发布时间	发布部门	备注
1	鲁政发〔2021〕12 号	山东省人民政府关于印发《山东省"十四五"生态环境保护规划》的通知	2021/8/22	山东省人民政府	纳入

续表

编号	标准编号	标准名称	发布时间	发布部门	备注
2	DB 37/T 3003—2017	玫瑰野生种质资源鉴定评价技术规范	2017/10/25	山东省市场监督管理局	纳入
3	DB 37/T 3524—2019	古树名木保护技术规范 银杏	2019/3/21	山东省市场监督管理局	纳入
4	DB 37/T 3612—2019	国外引进植物种苗隔离场圃建设规范	2019/7/23	山东省市场监督管理局	纳入
5	DB 3706/T 70—2020	斑海豹及其栖息地保护管理技术规范	2020/10/28	烟台市市场监督管理局	纳入
6	鲁政办字〔2021〕6号	山东省人民政府办公厅关于进一步加强野生动物保护工作的意见	2021/2/2	山东省人民政府办公厅	纳入
7	鲁环发〔2021〕2号	山东省生物多样性保护战略与行动计划(2021—2030年)	2021/5/31	山东省生态环境厅	纳入

表 AB.3　生物多样性生态修复地方标准（山东省外）

编号	标准编号	标准名称	发布时间	发布部门	备注
1	DB 53/T 391—2012	自然保护区与国家公园生物多样性 监测技术规程 第1部分：森林生态系统及野生动植物	2012/3/15	云南省质量技术监督局	借鉴
2	DB 21/T 2150—2013	辽宁省海洋及海岸工程海洋生物损害评估技术规范	2013/8/12	辽宁省质量技术监督局	借鉴
3	DB 13/T 2999—2019	涉海建设项目对海洋生物资源损害评估技术规范	2019/7/4	河北省市场监督管理局	借鉴

编号	标准编号	标准名称	发布时间	发布部门	备注
4	DB 42/T 1530—2019	大型水电工程开发中珍稀植物迁地保护技术指南	2019/12/19	湖北省市场监督管理局	借鉴

表 AB.4 生物多样性生态修复行业标准

编号	标准编号	标准名称	发布时间	发布部门	备注
1	SC/T 9110—2007	建设项目对海洋生物资源影响评价技术规程	2007/12/18	农业部	借鉴
2	LY/T 1814—2009	自然保护区生物多样性调查规范	2009/6/18	国家林业局	借鉴
3	LY/T 1819—2009	珍稀濒危野生植物保护小区技术规程	2009/6/18	国家林业局	借鉴
4	LY/T 1820—2009	野生植物资源调查技术规程	2009/6/18	国家林业局	借鉴
5	HJ 623—2011	区域生物多样性评价标准	2011/9/9	环境保护部	借鉴
6	LY/T 2365—2014	大熊猫栖息地植被恢复技术规程	2014/8/21	国家林业局	借鉴
7	LY/T 2242—2014	自然保护区建设项目生物多样性影响评价技术规范	2014/8/21	国家林业局	借鉴
8	LY/T 2241—2014	森林生态系统生物多样性监测与评估规范	2014/8/21	国家林业局	借鉴
9	HJ 710.1~11—2014	生物多样性观测技术导则	2014/10/31	环境保护部	借鉴

编号	标准编号	标准名称	发布时间	发布部门	备注
10	LY/T 2494—2015	古树名木复壮技术规程	2015/10/19	国家林业局	借鉴
11	HJ 710.12—2016	生物多样性观测技术导则 水生维管植物	2016/5/4	环境保护部	借鉴
12	HY/T 215—2017	近岸海域海洋生物多样性评价技术指南	2017/2/21	国家海洋局	借鉴

二、景观生态修复标准分析

笔者目前收集到的与景观生态修复相关的标准有 13 项，其中国家标准 3 项、地方标准 9 项（山东省内 5 项，山东省外 4 项）、行业标准 1 项。

笔者根据收集到的国家标准、地方标准和行业标准分析，总体来说，与景观生态修复相关的并不多，山东省已发布的相关标准主要是园林绿化验收、监理、养护等方面的标准，如 2013 年 6 月山东省质量技术监督局发布的地标《山东省园林绿化工程施工及验收规范》（DB 37/T 2338—2013），2020 年 12 月威海市住房和城乡建设局、威海市市场监督管理局发布的《威海市城市园林绿化养护技术导则》（DB 3710/T 124—2020）等。相关国家标准主要是城市绿地、公益林和公园方面的技术标准，省外地方标准主要集中在景观绿化相关技术方面，如 2012 年 12 月北京市质量技术监督局发布的地标《平原地区森林生态体系建设技术规程 景观生态林》（DB 11/T 930—2012）、2020 年 12 月四川省市场监督管理局发布的地标《城镇景观游憩林建设技术规程》（DB 51/T 2740—2020）等，这些为山东省景观生态修复标准体系的编制提供了借鉴，笔者建议将上述国家标准、省外地方标准和行业标准通过纳入、部分纳入和借鉴三种方式补充到山东省景观生态修复标准体系之中。景观生态修复建议构建标准见表 AC. 1、表 AC. 2、表 AC. 3、表 AC. 4。

表 AC. 1　景观生态修复国家标准

编号	标准编号	标准名称	发布时间	发布部门	备注
1	GB/T 18337.3—2001	生态公益林建设 技术规程	2001/3/14	国家质量技术监督局	纳入
2	GB/T 19535.2—2004	城市绿地草坪建植与管理技术规程 第 2 部分：城市绿地草坪管理技术规程	2004/6/22	国家质量监督检验检疫总局、国家标准化管理委员会	纳入
3	GB/T 39736—2020	国家公园总体规划技术规范	2020/12/22	国家市场监督管理总局、国家标准化管理委员会	纳入

表 AC. 2　景观生态修复地方标准（山东省内）

编号	标准编号	标准名称	发布时间	发布部门	备注
1	DB 37/T 2338—2013	山东省园林绿化工程施工及验收规范	2013/6/13	山东省质量技术监督局	纳入
2	DB 37/T 2749—2015	园林绿化工程监理规程	2015/12/22	山东省质量技术监督局	纳入
3	鲁政办发〔2020〕8号	山东省人民政府办公厅关于建立以国家公园为主体的自然保护地体系有关事项的通知	2020/3/13	山东省人民政府办公厅	纳入

续表

编号	标准编号	标准名称	发布时间	发布部门	备注
4	DB 3710/T 124—2020	威海市城市园林绿化养护技术导则	2020/12/30	威海市住房和城乡建设局、威海市市场监督管理局	纳入
5	鲁政办字〔2021〕141号	山东省国家公园管理办法	2021/12/31	山东省人民政府办公厅	纳入

表 AC.3　景观生态修复地方标准（山东省外）

编号	标准编号	标准名称	发布时间	发布部门	备注
1	DB 11/T 930—2012	平原地区森林生态体系建设技术规程 景观生态林	2012/12/14	北京市质量技术监督局	借鉴
2	DB 14/T 1206—2016	乡村景观绿化技术规范	2016/9/18	山西省质量技术监督局	借鉴
3	DB 11/T 1758—2020	草花组合景观营建及管护技术规程	2020/9/17	北京市市场监督管理局	借鉴
4	DB 51/T 2740—2020	城镇景观游憩林建设技术规程	2020/12/17	四川省市场监督管理局	借鉴

表 AC.4　景观生态修复行业标准

编号	标准编号	标准名称	发布时间	发布部门	备注
1	LY/T 2244.3—2014	自然保护区保护成效评估技术导则 第3部分：景观保护	2014/8/21	国家林业局	借鉴

第四节 城乡居住地生态修复标准分析

一、城镇居住地生态修复标准分析

笔者目前收集到的与城镇居住地生态修复相关的标准有 19 项，其中国家标准 5 项、地方标准 12 项（山东省内 10 项，山东省外 2 项）、行业标准 2 项。

根据收集到的相关标准，笔者发现山东省城镇居住地生态修复相关标准主要涉及城市绿地保护、城市公园服务规范、道路养护、大气污染治理等方面，如 2009 年 2 月山东省质量技术监督局发布的地标《城市绿地养护服务规范》（DB 37/T 1174—2009）、《城市公园服务规范》（DB 37/T 1172—2009）、山东省市场监督管理局共同 2021 年 10 月发布的《城市道路照明设施养护维修服务规范》（DB 37/T 1173—2021），2019 年 6 月山东省市场监督管理局发布的地标《钢铁工业大气污染物排放标准》（DB 37/ 990—2019）等。与相关国家标准、省外地方标准和行业标准相比，山东省出台的相关标准较为全面，但是也存在一些不足之处，如 2007 年国家质量监督检验检疫总局、国家标准化管理委员会发布的国标《城市污水再生利用 农田灌溉用水水质》（GB 20922—2007），2011 年 7 月住房和城乡建设部发布的行标《城市桥梁抗震设计规范》（CJJ 166—2011），2017 年 9 月国家质量监督检验检疫总局、国家标准化委员会发布的国标《城镇排水与污水处理服务》（GB/T 34173—2017）等，山东省均无相对应的地方标准。因此，笔者建议山东省将上述国家标准纳入山东省城镇居住地生态修复标准体系之中。对于相关行业标准，笔者建议采用借鉴方式，补充编制山东省相关地方标准。城镇居住地生态修复建议构建标准见表 AD.1、表 AD.2、表 AD.3、表 AD.4。

表 AD.1　城镇居住地生态修复国家标准

编号	标准编号	标准名称	发布时间	发布部门	备注
1	GB 20922—2007	城市污水再生利用 农田灌溉用水水质	2007/4/6	国家质量监督检验检疫总局、国家标准化管理委员会	纳入
2	GB/T 25179—2010	生活垃圾填埋场稳定化场地利用技术要求	2010/9/26	国家质量监督检验检疫总局、国家标准化管理委员会	纳入
3	GB/T 25499—2010	城市污水再生利用 绿地灌溉水质	2010/12/1	国家质量监督检验检疫总局、国家标准化管理委员会	纳入
4	GB/T 31733—2015	城乡环境保护林建设技术规程	2015/7/3	国家质量监督检验检疫总局、国家标准化管理委员会	纳入
5	GB/T 34173—2017	城镇排水与污水处理服务	2017/9/7	国家质量监督检验检疫总局、国家标准化管理委员会	纳入

表 AD.2　城镇居住地生态修复地方标准（山东省内）

编号	标准编号	标准名称	发布时间	发布部门	备注
1	DB 37/T 1174—2009	城市绿地养护服务规范	2009/2/6	山东省质量技术监督局	纳入
2	DB 37/T 1172—2009	城市公园服务规范	2009/2/6	山东省质量技术监督局	纳入
3	DB 37/T 1171—2009	风景名胜区服务规范	2009/2/6	山东省质量技术监督局	纳入

编号	标准编号	标准名称	发布时间	发布部门	备注
4	—	山东省城市照明"十三五"发展规划纲要	2016/10	山东省住房和城乡建设厅	纳入
5	DB 37/T 3535—2019	固定污染源废气监测点位设置技术规范	2019/4/2	山东省市场监督管理局	纳入
6	DB 37/ 990—2019	钢铁工业大气污染物排放标准	2019/6/3	山东省市场监督管理局	纳入
7	DB 37/ 2375—2019	工业炉窑大气污染物排放标准	2019/6/3	山东省市场监督管理局	纳入
8	DB 3710/T 124—2020	威海市城市园林绿化养护技术导则	2020/12/30	威海市市场监督管理局、威海市住房和城乡建设局	纳入
9	DB 37/T 1173—2021	城市道路照明设施养护维修服务规范	2021/10/18	山东省市场监督管理局	纳入
10	鲁政办发〔2022〕7号	山东省人民政府办公厅关于推动城乡建设绿色发展若干措施的通知	2022/5/6	山东省人民政府办公厅	纳入

表 AD.3 城镇居住地生态修复地方标准（山东省外）

编号	标准编号	标准名称	发布时间	发布部门	备注
1	DB 13/T 1347—2010	城镇居住区绿地规划设计规范	2010/12/28	河北省质量技术监督局	借鉴
2	DB 32/T 4174—2021	城市居住区和单位绿化标准	2021/12/22	江苏省市场监督管理局	借鉴

表 AD.4　城镇居住地生态修复行业标准

编号	标准编号	标准名称	发布时间	发布部门	备注
1	CJJ 166—2011	城市桥梁抗震设计规范	2011/7/13	住房和城乡建设部	借鉴
2	CJJ 45—2015	城市道路照明设计标准	2015/11/9	住房和城乡建设部	借鉴

二、乡村居住地生态修复标准分析

笔者目前收集到的与乡村居住地生态修复相关的标准有 26 项，其中国家标准 10 项、地方标准 16 项（山东省内 10 项，山东省外 6 项）、行业标准 0 项。

根据收集到的相关标准，笔者对比分析了山东省乡村居住地生态修复标准体系。总体来看，山东省相关标准体系相对完善，内容主要集中于乡村建设、污水处理等方面，如 2012 年 3 月山东省质量技术监督局发布的地标《乡村人居林建设技术规程》（DB 37/T 2067—2012）、2015 年 12 月山东省质量技术监督局发布的地标《生态文明乡村（美丽乡村）建设规范 第 2 部分：基础设施与村容环境》（DB 37/T 2737.2—2015）、2020 年 10 月烟台市市场监督管理局发布的地标《海岛型美丽乡村建设指南》（DB 3706/T 69—2020）等。但是，山东省相关标准体系也存在一些不足之处，如尚未出台雷电防护、生活垃圾处理等方面的技术标准。因此，笔者建议根据已有的相关国家标准、省外地方标准和行业标准，采用国家标准纳入、省外地方标准和行业标准借鉴的方式，完善山东省乡村居住地生态修复标准体系。乡村居住地生态修复建议构建标准见表 AE.1、表 AE.2、表 AE.3。

表 AE.1 乡村居住地生态修复国家标准

编号	标准编号	标准名称	发布时间	发布部门	备注
1	GB/T 50824—2013	农村居住建筑节能设计标准	2012/12/25	住房和城乡建设部、国家质量监督检验检疫总局	纳入
2	GB 50952—2013	农村民居雷电防护工程技术规范	2013/12/19	住房和城乡建设部、国家质量监督检验检疫总局	纳入
3	GB/T 32000—2015	美丽乡村建设指南	2015/4/29	国家标准化管理委员会、国家质量监督检验检疫总局	纳入
4	GB/T 31733—2015	城乡环境保护林建设技术规程	2015/7/3	国家质量监督检验检疫总局、国家标准化管理委员会	纳入
5	GB/T 51224—2017	乡村道路工程技术规范	2017/2/21	住房和城乡建设部、国家质量监督检验检疫总局	纳入
6	—	乡村振兴战略规划（2018—2022年）	2018/9/26	国务院	纳入
7	GB/T 37072—2018	美丽乡村建设评价	2018/12/28	国家市场监督管理总局、国家标准化管理委员会	纳入
8	GB/T 37066—2018	农村生活垃圾处理导则	2018/12/28	国家市场监督管理总局、国家标准化管理委员会	纳入
9	GB/T 50445—2019	村庄整治技术标准	2019/8/27	住房和城乡建设部、国家市场监督管理总局	纳入
10	GB/T 51435—2021	农村生活垃圾收运和处理技术标准	2021/4/9	住房和城乡建设部、国家市场监督管理总局	纳入

表 AE.2 乡村居住地生态修复地方标准（山东省内）

编号	标准编号	标准名称	发布时间	发布部门	备注
1	DB 37/T 2067—2012	乡村人居林建设技术规程	2012/3/8	山东省质量技术监督局	纳入
2	DB 37/T 2737.1—2015	生态文明乡村（美丽乡村）建设规范 第1部分：规划编制指南	2015/12/18	山东省质量技术监督局	纳入
3	DB 37/T 2737.2—2015	生态文明乡村（美丽乡村）建设规范 第2部分：基础设施与村容环境	2015/12/18	山东省质量技术监督局	纳入
4	DB 37/T 5112—2018	村庄道路建设规范	2018/3/19	山东省住房和城乡建设厅、山东省质量技术监督局	纳入
5	DB 37/T 3467—2018	美丽乡村标准化试点建设与验收指南	2018/12/29	山东省市场监督管理局	纳入
6	DB 37/ 3693—2019	农村生活污水处理处置设施水污染物排放标准	2019/9/27	山东省市场监督管理局、山东省生态环境厅	纳入
7	DB 37/T 4074—2020	山东省美丽村居建设标准	2020/8/20	山东省市场监督管理局	纳入
8	DB 3706/T 69—2020	海岛型美丽乡村建设指南	2020/10/20	烟台市市场监督管理局	纳入
9	DB 37/T 4369—2021	农村居民点用地集约利用评价规范	2021/6/15	山东省市场监督管理局	纳入
10	DB 37/ 5026—2022	居住建筑节能设计标准	2022/12/21	山东省住房和城乡建设厅、山东省市场监督管理局	纳入

表 AE.3 乡村居住地生态修复地方标准（山东省外）

编号	标准编号	标准名称	发布时间	发布部门	备注
1	DB 33/T 912—2019	新时代美丽乡村建设规范	2019/7/9	浙江省市场监督管理局	借鉴
2	DB 45/T 2063—2019	美丽乡村 巷道建设规范	2019/12/25	广西壮族自治区市场监督管理局	借鉴
3	DB 13/T 5253—2020	农村坑塘生态治理工程技术规程	2020/11/19	河北省市场监督管理局	借鉴
4	DB 11/T 1778—2020	美丽乡村 绿化美化技术规程	2020/12/24	北京市市场监督管理局	借鉴
5	DB 1310/T 248—2021	美丽乡村 生活垃圾管理规范	2021/11/15	廊坊市市场监督管理局	借鉴
6	DB 5117/T 40—2021	农村人居环境整治规范	2021/11/17	达州市市场监督管理局	借鉴

第五章 结 论

省 级 土 地 整 治 与 生 态 修 复 标 准 体 系 研 究

本书以省级土地整治与生态修复标准体系构建为研究对象，以山东省为研究区域，在明确省级土地整治与生态修复标准体系构建原则的基础上，基于研究现状及专家论证，确定省级土地整治与生态修复标准体系层次框架，按照该框架分层次对省级土地整治与生态修复组成部分进行概念界定，并分别从国家、山东省、山东省外三个维度搜集现行相关标准，作为标准筛选依据。最后，本书在分析标准筛选结果的基础上，得出山东省土地整治与生态修复标准体系结果。

1. 从省级土地整治与生态修复标准体系结构来看，省级土地整治工作总体上需要完成农村建设用地整理、城镇建设用地整理、农用地整理、土地复垦四部分工作。其中，农村建设用地整理中需要重点完成村庄改造、乡村工矿企业破坏土地整治复垦、平坟复田、农村公共服务用地整理、农村基础设施用地整理、农村产业园区整理等工作；城镇建设用地整理需要重点完成旧城改造、城乡建设用地置换，闲置、低效用地开发与再开发，交通运输用地整理、公共管理与公共服务用地整理等工作；农用地整理需要重点完成设施农用地整理、耕地整理、家庭农场建设、永久基本农田建设等工作；土地复垦需要重点完成采矿弃置地勘测规划、采矿弃置地填平整理、采矿弃置地开发利用等工作。

2. 从省级土地整治与生态修复标准体系结构来看，省级生态修复工作总体上需要完成退化污染废弃地生态修复、国土综合整治修复、生物多样性和景观生态修复、城乡居住地生态修复四部分工作。其中，退化污染废弃地生态修复需要重点完成水土流失生态修复、土地沙漠化生态修复、土地盐碱化生态修复、土地污染生态修复、废弃土地生态修复、退化土地生态修复等工作；国土综合整治修复需要重点完成国土综合整治调查、国土综合整治评价、国土综合整治治理等工作；生物多样性和景观生态修复需要重点完成生物多样性生态修复、景观生态修复等工作；城乡居住地生态修复需要重点完成城镇居住地生态修复、乡村居住地生态修复等工作。

3. 经专家论证，最终确定59项村庄改造相关标准、9项乡村工矿企业破坏土地整治复垦标准、8项平坟复田相关标准、58项农村公共服务用地整理相关标准、33项农村基础设施用地整理相关标准、34项农村产业园区整理相关标准、25项旧城改造相关标准、29项城乡建设用地置换相关标准，19项闲置、低效用地开发与再开发相关标准，35项交通运输用地整理相关标准、108项公共管理与公共服务用地整理相关标准、32项设施农用地整理相关标准、83项耕地整理相关标准、25项家庭农场建设相关标准、17项永久基本农田建设相关标准、21项采矿弃置地勘测规划相关标准、15项采矿弃置地填平整理相关标准、16项采矿弃置地开发利用相关标准、33项水土流失生态修复相关标准、15项土地沙漠化生态修复相关标准、20项土地盐碱化生态修复相关标准、36项土地污染生态修复相关标准、16项废弃土地生态修复相关标准、18项退化土地生态修复相关标准、19项国土综合整治调查相关标准、27项国土综合整治评价相关标准、16项国土综合整治治理相关标准、24项生物多样性生态修复相关标准、13项景观生态修复相关标准、19项城镇居住地生态修复相关标准、26项乡村居住地生态修复相关标准纳入山东省土地整治与生态修复标准体系。

参 考 文 献

［1］郧文聚，宇振荣．中国农村土地整治生态景观建设策略［J］．农业工程学报，2011，27（4）：1-6.

［2］王威，贾文涛．生态文明理念下的国土综合整治与生态保护修复［J］．中国土地，2019（5）：29-31.

［3］王军，钟莉娜．景观生态学在土地整治中的应用研究进展［J］．生态学报，2017，37（12）：3982-3990.

［4］严金明，夏方舟，马梅．中国土地整治转型发展战略导向研究［J］．中国土地科学，2016，30（2）：3-10.

［5］贾文涛，宇振荣．生态型土地整治指南［M］．北京：中国财政经济出版社，2019.

［6］廖小斌．生态文明示范区建设背景下的赣州市土地整治潜力研究［D］．南昌：江西农业大学，2019.

［7］王军，钟莉娜，应凌霄．土地整治对生态系统服务影响研究综述［J］．生态与农村环境学报，2018，34（9）：803-812.

［8］刘永强，戴琳，龙华楼，等．乡村振兴背景下的土地整治模式与生态导向转型：以浙江省为例［J］．中国土地科学，2021，35（11）：71-79.

［9］高向军，彭爱华，彭志宏．农村土地综合整治存在的问题及对策［J］．中国土地科学，2011，25（3）：4-8.

［10］李振宇．土地整治中存在的生态问题及策略探讨［J］．建材与装饰，2019（15）：177-178.

[11] 于祥, 杨小雄, 陈豪. 生态文明视野下的中国土地整治发展战略 [J]. 大众科技, 2020 (20): 27-28.

[12] 童陆艺, 马丽, 胡守庚. 生态文明建设视角下的土地整治思考 [C] // 中国自然资源学会土地资源研究专业委员会, 中国地理学会农业地理与乡村发展专业委员会, 青海民族大学公共管理学院. 2013 全国土地资源开发利用与生态文明建设学术研讨会论文集. 2013.

[13] 夏方舟, 杨雨濛, 严金明. 中国国土综合整治近 40 年内涵研究综述: 阶段演进与发展变化 [J]. 中国土地科学, 2018, 32 (5): 78-85.

[14] 张旭平. "生态文明" 概念辨析 [J]. 系统辩证学学报, 2001, 9 (2): 86-90.

[15] 俞可平. 科学发展观与生态文明 [J]. 马克思主义与现实, 2005 (4): 4-5.

[16] 周以侠. 建设生态文明的科学内涵及其重要意义 [J]. 重庆工学院学报社会科学版, 2009, 23 (11): 102-105.

[17] 杨培峰, 袁易劲. "生态" 理解三境界 [J]. 规划师, 2013, 29 (1): 5-10.

[18] 胡动刚, 蒙萌, 胡思颖, 等. 2010 年以来从土地整治到全域整治的热点研究和阶段分析 [J]. 华中农业大学学报, 2021, 40 (6): 103-111.

[19] 苏少青, 林碧珊, 曾晓舵. 土地整理中生态环境保护问题及对策 [J]. 生态环境学报, 2006, 15 (4): 881-884.

[20] 叶艳妹, 吴次芳, 黄鸿鸿. 农地整理工程对农田生态的影响及其生态环境保育型模式设计 [J]. 农业工程学报, 2001, 17 (5): 167-171.

[21] 傅伯杰, 赵文武, 陈利顶. 地理: 生态过程研究的进展与展望 [J]. 地理学报, 2006, 61 (11): 1123-1131.

[22] 王军, 严慎纯, 余莉, 等. 土地整理的生态系统服务价值评估

与生态设计策略：以吉林省大安市土地整理项目为例［J］．应用生态学报，2014，25（4）：1093-1099．

［23］夏方舟，严金明．新常态时期中国土地整治转型发展方向探索［J］．宁夏社会科学，2016（3）：109-113．

［24］陈洁丽，黄秋昊，程子腾．基于生态文明建设视角的土地整治研究［J］．科学·经济·社会，2017，35（2）：59-63．

［25］张孝德．资源环境约束下大国工业化的困境与文明模式的创新："成本外化工业文明"的反思与生态文明建设思考［J］．甘肃社会科学，2008（6）：38-41．

［26］杨忍，李芮彤．农村全域土地综合整治与国土空间生态修复：衔接与融合［J］．现代城市研究，2021（3）：23-32．

［27］欧阳志云，崔书红，郑华．我国生态安全面临的挑战与对策［J］．科学与社会，2015，5（1）：20-30．

［28］郑善文，何永，欧阳志云．我国城市总体规划生态考量的不足及对策探讨［J］．规划师，2017（5）：39-46．

［29］欧阳志云．我国生态系统面临的问题与对策［J］．中国国情国力，2017（3）：6-10．

［30］王军，应凌霄，钟莉娜．新时代国土整治与生态修复转型思考［J］．自然资源学报，2020，35（1）：26-36．

［31］汤怀志，桑玲玲，郧文聚．我国耕地占补平衡政策实施困境及科技创新方向［J］．中国科学院院刊，2020（5）：637-644．

［32］张景奇，孙萍，徐建，等．我国城市生态文明建设研究述评［J］．经济地理，2014，34（8）：137-142．

［33］王晓军，吴敬学，蒋和平．中国农村生态环境质量动态评价及未来发展趋势预测［J］．自然资源学报，2017，32（5）：864-876．

［34］樊杰，王亚飞．40年来中国经济地理格局变化及新时代区域协调发展［J］．经济地理，2019，39（1）：1-7．

［35］贾文涛.国土空间生态修复的认识逻辑［J］.土地科学动态，2019（5）：1-5.

［36］张凤荣.全面深刻理解山水林田湖生命共同体思想［J］.中国土地，2020（5）：11-12.

［37］刘殳，李佯恩.生态立旗，引领土地整治新方向：对成都市农村土地综合整治工作的思考［J］.中国土地，2013（5）：18-19.

［38］叶红玲.我们如何理解现代意义的土地整治?：霍尔格·马格尔教授访谈录［J］.中国土地，2016（5）：4-7.

［39］严金明，夏方舟，李强.中国土地综合整治战略顶层设计［J］.农业工程学报，2012，28（14）：1-9.

［40］段锦，席慕谊，江源.东江流域生态系统服务价值变化研究［J］.自然资源学报，2012，27（1）：90-103.

［41］孔令桥，张路，郑华，等.长江流域生态系统格局演变及驱动力［J］.生态学报，2018，38（3）：741-749.

［42］白杨，王敏，李晖.生态系统服务供给与需求的理论与管理方法［J］.生态学报，2017，37（17）：5846-5852.

［43］卞文志.让"生态产品"更好地为社会发展服务［J］.云南林业，2017，38（3）：63.

［44］马中，王若师，昌敦虎，等.践行"绿水青山就是金山银山"就是建设生态文明［J］.环境保护，2018，46（13）：7-10.

［45］郧宛琪，朱道林，汤怀志.中国土地整治战略重塑与创新［J］.农业工程学报，2016，32（4）：1-8.

［46］张川，余建新，郑宏刚，等.基于系统工程和统计学理论的中国土地整治体系框架构建［J］.农业工程学报，2015，31（15）：255-263.

［47］黎祖交.谈谈"两部一局"的组建对于推进我国生态文明建设的意义［J］.中国林业产业，2018（5）：9-14.

［48］沈镭，张红丽，钟帅，等.新时代下中国自然资源安全的战略

思考［J］．自然资源学报，2018，33（5）：721-734.

［49］白中科，周伟，王金满，等．试论国土空间整体保护、系统修复与综合治理［J］．中国土地科学，2019，33（2）：1-11.

［50］董祚继．新时代国土空间规划的十大关系［J］．资源科学，2019，41（9）：1589-1599.

［51］张绍良，杨永均，侯湖平，等．基于恢复力理论的"土地整治+生态"框架模型［J］．中国土地科学，2018，32（10）：83-89.

［52］白中科，周伟，王金满，等．再论矿区生态系统恢复重建［J］．中国土地科学，2018，32（11）：1-9.

［53］何长高．关于水土保持生态修复工程中几个问题的思考［J］．中国水土保持科学，2004，2（3）：99-102.

［54］王夏晖，何军，饶胜，等．山水林田湖草生态保护修复思路与实践［J］．环境保护，2018，46（s1）：17-20.

［55］张笑千，王波，王夏晖．基于"山水林田湖草"系统治理理念的牧区生态保护与修复：以御道口牧场管理区为例［J］．环境保护，2018，46（8）：56-59.

［56］姜霞，王坤，郑朔方，等．山水林田湖草生态保护修复的系统思想：践行"绿水青山就是金山银山"［J］．环境工程技术学报，2019，9（5）：475-481.

［57］李桂花，杜颖．"绿水青山就是金山银山"生态文明理念探析［J］．新疆师范大学学报（哲学社会科学版），2019，40（4）：43-51.

［58］韩博，金晓斌，孙瑞，等．新时期国土综合整治分类体系初探［J］．中国土地科学，2019，33（8）：79-88.

［59］曹宇，王嘉怡，李国煜．国土空间生态修复：概念思辨与理论认知［J］．中国土地科学，2019，33（7）：1-10.

［60］彭建，李冰，董建权，等．论国土空间生态修复基本逻辑［J］．中国土地科学，2020，34（5）：18-26.

[61] 王志芳，高世昌，苗利梅，等. 国土空间生态保护修复范式研究 [J]. 中国土地科学，2020，34（3）：1-8.

[62] 谷树忠，胡咏君，周洪. 生态文明建设的科学内涵与基本路径 [J]. 资源科学，2013，35（1）：2-13.

[63] 杜娜. 新时代国土整治与生态修复转型思考 [J]. 南方农业，2021，15（20）：212-213.

[64] 郑国栋. 地勘行业转型背景下矿山生态修复技术研究 [J]. 西部资源，2021（2）：89-91.

[65] 焦居仁. 生态修复的要点与思考 [J]. 中国水土保持，2003（2）：5-6.

[66] 邓玲，郝庆. 国土综合整治及其机制研究 [J]. 科学，2016，68（3）：40-44.

[67] 罗铁军. 浅议新时期土地综合整治与生态修复 [J]. 农业开发与装备，2019（9）：146-147.

[68] 马俊. 新时期土地综合整治与生态修复研究 [J]. 甘肃农业，2020（7）：40-42.

[69] 刘炫含. 延安市国土综合整治与生态修复分区研究 [D]. 西安：长安大学，2021.

[70] 梅江，李振宇. 生态中国视域下国土空间规划的综合整治与生态修复体系建设 [J]. 农村经济与科技，2021，32（15）：18-20.

[71] 张海军，王勇，牛赓. 国土空间规划中的国土综合整治和生态修复框架研究 [C] //中国城市规划学会. 2020 中国城市规划年会论文集. 2021.

[72] 陈秉钊. 生态文明新时代的空间规划 [J]. 城乡规划，2019（2）：116-118.

[73] 张侃，杨青，宋晗. 国土空间规划中综合整治与生态修复机制探讨 [C] //中国城市规划学会. 2019 中国城市规划年会论文集. 2019.

［74］王威，胡业翠. 改革开放以来我国国土整治历程回顾与新构想
［J］. 自然资源学报，2020，35（1）：53-67.

［75］祁帆，李宪文，刘康. 自然生态空间用途管制制度研究［J］.
中国土地，2016（12）：21-23.

［76］樊杰. 新时代"人地关系地域系统"研究刍议：兼议吴传钧先
生的小事、大业［J］. 经济地理，2018，38（4）：2-8.

［77］胡存智. 生态文明建设的国土空间开发战略选择［J］. 中国
国土资源经济，2014，27（3）：4-7.

［78］匡文慧. 新时代国土空间格局变化和美丽愿景规划实施的若干
问题探讨［J］. 资源科学，2019，41（1）：23-32.

［79］成金华，尤喆. "山水林田湖草是生命共同体"原则的科学内
涵与实践路径［J］. 中国人口·资源与环境，2019，29（2）：1-6.

［80］王雁林，任超，李朋伟，等. 关于国土空间生态修复若干问题
与对策探讨［J］. 陕西地质，2019，37（1）：86-89.

［81］汤怀志，郧文聚，孔凡婕，等. 国土空间治理视角下的土地整
治与生态修复研究［J］. 规划师，2020（17）：5-12.

［82］李红举，曲保德. 全域土地综合整治的实践与思考［J］. 中
国土地，2020（6）：37-39.

［83］郧文聚. "三统一"全面落实空间治理［J］. 华北国土资源，
2017（6）：12-13.

［84］边婷. 国土综合整治与生态修复研究综述［J］. 内蒙古科技
与经济，2020（24）：72-73.

［85］李阳. 基于生态修复背景下的国土综合整治分析［J］. 华北
自然资源，2021（1）：109-110.

［86］贾文涛. 从土地整治向国土综合整治的转型发展［J］. 中国
土地，2018（5）：16-18.

［87］王军. 关于国土综合整治服务生态系统的思考［J］. 中国土

地，2018（7）：33-35.

　　［88］曹小曙. 基于人地耦合系统的国土空间重塑［J］. 自然资源学报，2019，34（10）：2051-2059.